BASTEI
LÜBBE

Aus der Taschenbuchreihe SCIENCE FICTION „CAPTAIN FUTURE" sind nachstehende Romane erhältlich. Fragen Sie im Buch- oder Zeitschriftenhandel nach diesen Titeln:

Edmond Hamilton

25 001 Die lebende Legende
25 002 Kollisionsziel Erde
25 003 Die Gravium-Sabotage
25 004 Der Lebenslord
25 005 Diamanten der Macht
25 006 Sternstraße zum Ruhm
25 007 Der Marsmagier
25 008 Im Zeitstrom verschollen
25 009 Die Materiequelle
25 010 Das Erbe der Lunarier

Edmond Hamilton

IM SCHATTEN DER ALLUS

Science Fiction-Roman

BASTEI LÜBBE

BASTEI-LÜBBE-TASCHENBUCH
Captain Future
Band 25 011

Deutsche Lizenzausgabe 1983
Bastei-Verlag Gustav H. Lübbe GmbH & Co., Bergisch Gladbach,
published by arrangement with Fawcett Books Group
CBS Publications, the Consumer Publishing Division of CBS Inc.
Originaltitel: The Comet Kings
Ins Deutsche übertragen von: Ralph Tegtmeier
Titelillustration: Franco Storchi
Umschlaggestaltung: Quadro-Grafik, Bensberg
Druck und Verarbeitung:
Elsnerdruck GmbH, Berlin
Printed in Western Germany
ISBN 3-404-25011-7

Der Preis dieses Bandes versteht sich einschließlich der gesetzlichen Mehrwertsteuer

I

Verschollene Raumschiffe

Millionen von Kilometern jenseits des Jupiters bewegte sich der verbeulte alte Raumfrachter *Arcturion* durch das All.

»Da kann man ja genausogut zu Fuß zum Uranus spazieren!« schimpfte Norton, der junge Zweite Maat angewidert. Ich wünschte, ich hätte eine Koje in einem Passagierschiff. Die brauchen keine Wochen, um von einem Planten zum anderen zu kriechen.«

Brower, der alte Erste Maat, lächelte den ungeduldigen jungen Offizier verständnisvoll an.

»Du wirst dich schon dran gewöhnen«, sagte er. »Mir gefällt es sogar, so zu bummeln. Es ist entspannend, Tag um Tag durch das weite leere All zu ziehen.«

»Aber es passiert doch nie etwas!« stöhnte der junge Mann. »Nicht einmal ein Asteriodenschwarm, der uns streifen würde! Ich halte diese Monotonie einfach nicht aus!«

Ironischerweise ereignete sich die Katastrophe ausgerechnet in diesem Augenblick.

Plötzlich begann die gemächlich dahinziehende *Arcturion* verrückt zu spielen. Von fremdartigen Kräften gepackt, bebten ihre Stahlitplatten, und das Schiff brach, wie von einer riesigen, unsichtbaren Faust gepackt, seitlich aus dem Kurs. Der Schock war so groß, daß die künstliche Schwerkraft im Schiff zusammenbrach. Der junge Norton verlor das Gleichgewicht, prallte gegen die Kabinenwand und sah nur noch Sterne. Bevor er die Besinnung verlor, bemerkte er noch, wie der alte Raumfrachter mit unvorstellbarer Geschwindigkeit durch das All geschleudert wurde.

Dann verschwand das Schiff einfach.

*

»Aber in diesem Raumsektor gibt es keine unbekannten Meteorschwärme, Sir!« sagte der Marsianer, der die dunkle Uniform der Planetenpatrouille trug. Es war Tzan Thar, Captain der Jovopolis-Wartungseinheit. Sein ernstes, rothäutiges Gesicht und seine großen dunklen Augen verrieten Erregung, als er seinen venusischen Vorgesetzten anblickte, der auf der quadratischen Televisorscheibe zu sehen war.

»Jetzt versuchen Sie nicht, die Verantwortung abzuwälzen, Captain Thar!« bellte der höhere Offizier. »Sie sind Befehlshaber der Wartungseinheit in diesem Raumsektor. Wahrscheinlich haben Sie in letzter Zeit bei der Meteorüberwachung geschlampt, und jetzt sind Dutzende von Schiffen deswegen verlorengegangen. Dreiundzwanzig Stück seit dem Verschwinden der alten *Arcturion!* Und jedes von ihnen ist in diesem Sektor jenseits von Jupiter verschollen.«

»Das erscheint mir genauso rätselhaft wie Ihnen, Sir«, erwiderte der Marsianer. »Wir haben erst vor wenigen Wochen alle in Frage kommenden Routen kontrolliert und die Meteorschwärme beseitigt.«

»Dann haben Sie dabei wohl einen Haufen von Asteroiden übersehen!« fauchte sein Vorgesetzter.

»Nehmen Sie jedes verfügbare Schiff und machen Sie, daß Sie dort hinkommen! Ich verlange, daß dieser Sektor auf der Stelle gesäubert wird, und zwar etwas plötzlich! Und suchen Sie gefälligst auch nach den Wracks der Schiffe!«

Die Verbindung wurde unterbrochen. Tzan Thar drehte sich hilflos zu seinen Offizieren um, die aus allen Teilen des Systems stammten: schlacksige Erdmenschen, grobschlächtige Jupiteraner, dunkelhäutige Marsianer.

»Sie haben es gehört«, sagte der Captain bekümmert. »Sie wissen zwar auch alle, daß wir diesen Sektor sorgfältig durchkämmt haben und daß jede Flugroute sicher war. Aber irgend etwas muß dort hineingetrieben sein und hat die Schiffe zerstört. Also – an die Arbeit!«

Bald darauf stiegen sechs breitstrahlige, unförmige Asteroidenräumer durch die dünne Atmosphäre Jupiters, bahnten sich ihren Weg zwischen den zahlreichen Monden hindurch und stießen ins freie All hinaus. Die massiven Stahlithüllen bebten, als sie mit gleichmäßigem Dröhnen durch das sternenübersäte Weltall zogen. Ihre Suchstrahler ragten fächerförmig weit voraus und suchten den Raum ab. Damit konnten sie auch den kleinsten Asteroiden ausmachen. Mit gebündelten Atomstrahlen wurden die Hindernisse dann vernichtet.

Doch diesmal entdeckten die Suchstrahlen keinerlei Asteroiden. Captain Tzan Thar wurde immer unruhiger.

»Ich verstehe das einfach nicht!« sagte er. »In diesem Sektor gibt es keine Asteroiden mehr. Es ist ja nicht einmal ein einziges Wrack von den verschollenen Schiffen zu sehen!«

Sein nächsthöherer Vorgesetzter, ein junger Merkurianer, blickte ebenfalls besorgt drein.

»Ja, es ist schon seltsam ...«

Da beendete ein gewaltiger Stoß abrupt ihr Gespräch. Die Männer wurden zu Boden gerissen, als die riesige, unsichtbare Faust ihr Schiffe packte.

*

Das mysteriöse Verschwinden der Schiffe wollte kein Ende nehmen.

»Zweiundfünfzig Schiffe! Haben Sie das gehört? Zweiundfünfzig Schiffe! Frachter, Passagierraumer, Tanker, sogar Asteroidenräumer. So *kann* das nicht weitergehen!«

Erregt lief North Bonnel in seinem Büro im New Yorker Turm der Erdregierung auf und ab. Es war zwar ein vergleichsweise kleines Büro, doch in ihm befand sich die Befehlszentrale der weitverzweigten Planetenpatrouille.

Halk Anders, der Kommandant der Patrouille, saß an seinem Schreibtisch und sagte nichts. Sein grimmiges Bulldoggengesicht wirkte unbewegt, als er durch das Fenster hinaus auf die hohen Türme und glitzernden Lichter der nächtlichen Hauptstadt des Sonnensystems hinausblickte.

»Es muß etwas geschehen«, fuhr North Bonnel nachdrücklich fort. »Tausende von Menschen sind verschwunden und Ladung im Wert von Milliarden! Die Regierung wird von allen möglichen Raumreedereien, planetaren Beamten und besorgten Angehörigen der Verschwundenen unter Druck gesetzt. Sie *müssen* einfach die Raumkreuzer hinschicken, um der Sache ein Ende zu bereiten.«

Als Halk Anders antwortete, blieb sein Blick auf das nächtliche Panorama geheftet.

»Wir haben schon vor mehreren Wochen zwei Patrouillenkreuzer dort hingeschickt. Das war nachdem die Asteroidenräumer verschwunden sind.«

»Ach ja?« fragte Bonnel hoffnungsfroh. »Und was haben sie berichtet?«

»Gar nichts«, erwiderte der Kommandant. »Sie sind einfach nicht zurückgekehrt. Sie sind verschwunden ... genau wie die anderen.«

Der Regierungsvertreter starrte ihn entsetzt an. »Dann sind inzwischen sogar Patrouillenkreuzer verschollen?«

Anders nickte. »Ja. Wir haben es geheimgehalten, damit keine Panik entsteht.«

»Aber was wollen wir denn nun dagegen unternehmen?« fragte Bonnel.

»Ich habe bereits etwas unternommen«, antwortete der Kommandant. »Ich habe einen weiteren Kreuzer losgeschickt, um die Angelegenheit zu untersuchen, wenn möglich, auch zu klären. Zwei meiner besten Agenten sind an Bord. Sie kennen sie – Marshal Ezra Gurney und Joan Randall.

Es mag vielleicht etwas merkwürdig aussehen, daß ich eine so junge Frau damit betraut habe«, fuhr er hastig fort, »aber Joan ist nicht nur eine der gescheitesten Agentinnen unserer Geheimorganisation, sie kennt die Raumrouten auch besser als die meisten Männer. Und Ezra Gurney – na ja, der kennt ja sowieso das ganze System wie seine eigene Westentasche.«

»Und haben sie bereits etwas feststellen können?« wollte Bonnel ungeduldig wissen.

Halk Anders zuckte ungerührt mit den Schultern. »Ich weiß es nicht. Sie sollten heute per Televisor Bericht erstatten. Ich erwarte ihren Anruf jeden Augenblick.«

Doch der Televisor auf dem Schreibtisch summte erst vier Stunden später.

»Kommandant, Funkmeldung vom Kreuzer *Ferronia.* Agentin Randall will mit Ihnen sprechen.«

»Verbinden Sie mich sofort mit ihr!« befahl Halk Anders.

Auf dem viereckigen Schirm des Televisors erschien das lebhafte Gesicht eines dunklen, hübschen Mädchens. Joan Randalls Augen hatten einen besorgten Ausdruck, als sie über Millionen von Kilometern Entfernung zu ihnen sprach.

»Hier ist die *Ferronia,* Kommandant«, sagte sie sofort. Wir haben den ganzen Sektor durchkämmt. Aber gefunden haben wir nichts.«

»Nichts?« wiederholte Anders ungläubig. »Wollen Sie damit sagen ...«

»Genau das. Hier ist nichts als Leere!« sagte Joan Randall. »Im ganzen Sektor hier gibt es nicht einen Asteroiden, der groß genug ist, um ein Schiff zu zerstören. Außerdem gibt es kein einziges Anzeichen für eine Zerstörung all dieser Schiffe. Es sieht fast so aus, als wären sie einfach vom All verschlungen worden.«

Plötzlich erschien der grauhaarige Kopf eines alten Mannes hinter der Schulter des Mädchens. Ezra Gurneys blaßblaue Augen blickten beunruhigend aus seinem faltigen Gesicht, als er Joan Randalls Meldung bestätigte.

»Es klingt zwar wie verhext, aber genauso ist es«, sagte er. »Das ist das unbegreiflichste, verflixteste Geheimnis, das mir jemals ...«

Dann geschah alles so schnell, daß weder Anders noch North Bonnel richtig mitbekamen, was los war. Mit einemmal verschwanden Joans und Ezras erschreckte Gesichter vom Schirm, der nur noch ein graues Flimmern zeigte.

Anders drückte heftig auf die Televisortaste.

»Joan! Ezra! Was ist los?«

Doch er erhielt keine Antwort. Anders drückte auf eine Taste und bellte einen Befehl an die Vermittlung.

»Nehmen Sie sofort wieder Kontakt mit der *Ferronia* auf!«

Zehn Minuten später meldete sich die Vermittlung aufs neue.

»Keinen Erfolg, Sir. Die *Ferronia* antwortet nicht.«

Anders drehte sich langsam um und blickte den Regierungsvertreter finster an.

»Jetzt ist es auch Joan und Ezra passiert, direkt vor unseren Augen«, murmelt er.

Bonnel war entsetzt. »Aber was *war* das nur? Auf dem Schirm war plötzlich einfach die Verbindung unterbrochen.«

Anders schüttelte hilflos den Kopf. »Ich weiß es auch nicht. Ich habe immer geglaubt, daß es für mich im All nichts Neues mehr gäbe, aber das hier ist nicht nur neu sondern auch bedrohlich.« Er erhob sich. »Wir können jetzt nur noch eins tun: Eine ganze Schwadron von Patrouillenkreuzern dorthin schikken. Wenn die dann auch verschwinden sollten ...«

»Dann gibt es eine Panik, die die gesamte Raumfahrt im System lahmlegen dürfte«, sagte Bonnel atemlos mit fahlem Gesicht. Dann blitzten seine Augen auf.

»Kommandant, wir dürfen dieser Sache nicht mit

Gewalt begegnen. Das ist eine Aufgabe für jemanden, der das Problem wissenschaftlich angeht. Jemand, der mit allen Mitteln und Erkenntnissen der Wissenschaft umgehen kann.«

Halk Anders begriff sofort, was gemeint war. »Sie denken an Captain Future?«

Der Beamte nickte emphatisch. »Wenn es irgend jemanden gibt, der dieses Rätsel lösen kann, dann ist es dieser Hexenmeister der Wissenschaft mit seiner Future-Mannschaft.«

»Mag sein«, brummte der Kommandant. »Future hat eine Menge Karten im Ärmel, von denen wir nichts wissen. Aber wird er uns auch helfen, wenn Sie ihn rufen?«

»Ob er uns helfen würde?« wiederholte North Bonnel. Er schritt an den Televisor. »Ezra Gurney ist doch einer seiner ältesten Freunde. Und was Joan angeht – Sie sollten doch eigentlich wissen, was Captain Future ihr gegenüber empfindet! Ob er uns helfen würde? Den ganzen Weltraum würde er drangeben, um Joan und Ezra zu retten!«

II

Galaktische Rätsel

Ein kleines, stromlinienförmiges Schiff stieg von der öden Mondoberfläche auf. Mit weißglühenden Raketenstrahlen jagte es auf die Erde zu.

Es war das Schiff der Future-Mannschaft. Diese vier Abenteurer waren die einzigen, die auf dem toten Trabanten lebten. Sie hatten ihr Labor unter dem Krater Tycho.

Das kleine Schiff flog mit einer Geschwindigkeit in Richtung Erde, die kein anderer Raumer hätte erreichen können und die kein anderer Pilot riskiert hätte. Wie ein herabstürzender Habicht jagte es auf New York zu und landete schon kurz darauf auf dem Dach des hohen Regierungsgebäudes.

Einige Etagen tiefer im Hauptquartier der Planetenpatrouille lief North Bonnel noch immer ruhelos in seinem Büro auf und ab, während Halk Anders stumm mit grimmigem Ausdruck an seinem Schreibtisch saß.

»Wenn Future diese Angelegenheit nicht in den Griff bekommt, dann kann es niemand«, sagte Bonnel gerade nervös. »Und wenn weiterhin Schiffe verschwinden ...«

Eine klare Stimme unterbrach ihn: »Was sagen Sie da? Verschwindende Schiffe? Und was ist mit Joan und Ezra?«

Bonnel und Anders drehten sich zur Tür um, die sich leise geöffnet hatte. Im Türrahmen erkannten sie vier Gestalten.

»Captain Future!« rief Bonnel. Er atmete erleichtert auf. »Gott sei Dank! Ich bin froh, daß Sie und Ihre Mannschaft so schnell gekommen sind!«

Curt Newton beachtete die warmherzige Begrüßung nicht, sondern trat mit gefurchter Stirn ein.

»Sie haben durchgegeben, daß Joan und Ezra in Schwierigkeiten sind. Was ist geschehen, Bonnel? Und warum haben Sie mich nicht schon früher benachrichtigt?«

Captain Future war einen guten Kopf größer als Bonnel. Er war in einen grauen Coverall gekleidet, und an seiner Hüfte hing eine Protonenpistole, ein

Zeichen dafür, daß er nicht nur der berühmte Hexenmeister der Wissenschaft, sondern auch der bekannteste Planetenbummler im System war.

Seine klaren grauen Augen blickten besorgt. Er besaß nur wenige enge Freunde, doch diese wenigen standen ihm sehr nahe. Marshal Ezra Gurney gehörte zu den ältesten davon. Noch näher stand seinem Herzen aber die tapfere Agentin, deren Leben nun in Gefahr war.

»Wo sind Joan und Ezra?« fragte er.

»Wir wissen es nicht«, erwiderte Bonnel hilflos.

»Was soll das heißen?« rief einer der Future-Leute. »Alle Raumteufel, soll das vielleicht ein schlechter Witz sein?«

Die drei Future-Leute, die drei treuen Kameraden des rothaarigen jungen Abenteurers, waren Otho, der gerade gesprochen hatte, ein Syntho-Mann mit heller, gummiähnlicher Haut und grünen Augen; Grag, der intelligente Roboter, ein Riese aus Metall, über zwei Meter groß, dessen photoelektrische Augen aus dem kugelförmigen Kopf hervorstarrten, der sein Gehirn schützte; und schließlich Simon Wright, »das Gehirn«, ein lebendes Hirn in einem Behälter aus Transparentmetall, an dem Augen auf Stengeln sowie Mikrophonohren angebracht waren. Er schwebte auf blassen Energiestrahlen, mit deren Hilfe er sich frei zu bewegen vermochte.

»Sie müssen doch eine Vorstellung davon haben, wo sich Joan und Ezra aufhalten!« rief Otho ungeduldig. »Oder haben Sie uns etwa nur zum Spaß vom Mond hergeholt?«

»Sei still, Otho!« befahl Curt Newton. Sein Blick heftete sich bohrend auf North Bonnel. »Erzählen Sie uns, was passiert ist.«

Bonnel berichtete so knapp es ging von den Ereignissen.

»Die Sache erscheint auch mir völlig rätselhaft, Captain Future«, gestand Halk Anders, als Bonnel seine Schilderung beendet hatte.

Curt blickte ihn kühl an.

»Wir werden sofort hinfliegen und untersuchen, was geschehen ist«, sagte er in scharfem Ton und wandte sich zur Tür.

Othos geschlitzte grüne Augen funkelten abenteuerlustig auf, und er folgte mit Grag Captain Future. Doch die metallisch schnarrende Stimme des Gehirns hielt sie auf.

»Warte einen Augenblick, Curtis. Ich weiß, daß du dir über Joan Sorgen machst, aber es nützt uns nichts, wenn wir die Sache überstürzen. Wir müssen erst noch mehr erfahren.«

Otho stöhnte gequält auf. »Immer, wenn wir gerade so schnell wie möglich davonwollen, muß Simon uns aufhalten, um Pläne zu schmieden.«

Daran war etwas Wahres. Der kühle, beinahe gefühllose Verstand des Gehirns neigte dazu, jedes Vorgehen eine Spur sorgfältiger zu planen als die anderen. Das war auch ganz natürlich, denn schließlich war das Gehirn ja auch das älteste Mitglied der Future-Mannschaft. »Bevor wir losfliegen«, sagte Simon betont bedächtig, »will ich erst sämtliche verfügbaren Daten über alle Raumschiffe haben, die verschollen sind. Ich will wissen, auf welcher Route die Schiffe flogen, wann sie gestartet sind, wie hoch ihre Reisegeschwindigkeit war und wann sie als vermißt gemeldet wurden.«

»Ich verstehe, worauf du hinauswillst, Simon«,

sagte Captain Future. »Damit können wir die ungefähre Stelle berechnen, an der sie verschwunden sein müssen.«

Halk Anders gab ein paar schnelle Befehle durch das Interphon, und schon bald wurde eine Akte mit den vom Gehirn geforderten Daten hereingebracht.

»Wir melden uns, sobald wir etwas Neues wissen«, rief Curt den beiden Beamten von der Tür aus zu. »Komm, Grag!«

Sie eilten hastig die kleine Privattreppe zum Dach des Gebäudes empor und waren kurz darauf in der *Comet*. Bald hatten sie die Luftschleuse geschlossen und die Zyklotrone angeworfen und jagten mit dem Schiff steil in den nächtlichen Himmel. Captain Future saß an den Kontrollinstrumenten und lenkte das Raumschiff, das immer schneller wurde und mit einer geradezu unglaublichen Geschwindigkeit mit Kurs auf Jupiter durchs All raste. Der helle Fleck des Planeten schimmerte leicht rechts von ihnen. Links in der Ferne, weitab von der Umlaufbahn des majestätischen Planeten, glühte grell der Halleysche Komet, der sich in seiner gewaltigen fünfundsiebzig Jahre dauernden Umlaufbahn jetzt der Sonne zu nähern begann. Seine gewaltige Koma gleißte in weißem strahlendem Licht, und der lange Schweif erstreckte sich weit ins All.

»Die Schiffe sind alle in dem Quadranten dort vorne verschollen, zwischen den Umlaufbahnen von Jupiter und Uranus«, sagte Curt nachdenklich zu Otho. »Da alle Flugrouten umgelenkt worden sind, um den Halleyschen Kometen auszuweichen, haben wir es mit einem ziemlich kleinen Sektor zu tun.«

Plötzlich ertönte Grags dröhnender Warnruf aus

der Hauptkabine. »Irgend jemand hat uns hier eine Atombome an Bord geschmuggelt!«

Curt Newton schaltete sofort auf automatische Steuerung und sprang auf. Zusammen mit Otho lief er zur Hauptkabine zurück, in der sich das gewaltige Labor der *Comet* befand. Der Raum war fast völlig angefüllt mit Teleskopen, Spektroskopen, elektronischen und anderen Geräten. In seiner Mitte stand ein Tisch, über dem das Gehirn geschwebt und seinen Berechnungen nachgehangen hatte.

Grag stand mit warnend erhobenen Armen vor einem kleinen schwarzen Kasten in der Ecke, der haargenau wie eine echte Atombombe aussah.

»Nicht anfassen, Chef – sie kann jeden Moment losgehen!« rief der große Roboter. »Irgend jemand muß sie hier deponiert haben, während wir nicht an Bord waren.«

Captain Future lief schnell zu der Bombe hinüber, hob sie auf und wollte eben die Luftschleuse aufreißen, um das Ding hinauszuschleudern. Doch plötzlich wand sich die »Bombe« und verwandelte hastig ihre Gestalt, bis sie zu einem kleinen teigigen weißen Tier mir großen, ernsten Augen geworden war, die Curt unschuldig anblickten.

»Das ist ja mein Oog!« rief Otho. Er sprang besorgt vor. »Wirf ihn nicht hinaus!«

Verärgert warf Curt Otho das kleine Tier zu.

»Es ist nicht seine Schuld!« sagte Otho. »Du weißt doch, daß Oog es liebt, alles zu imitieren, was er sieht. So ist er nun einmal! Für ihn ist das nur natürlich.«

Oog schmiegte sich zufrieden an Otho. Das kleine Tier war ein Meteor-Chamäleon, ein Asteroidenwesen, das die Kunst der Tarnung bis zur Perfektion entwickelt hatte. Diese Tierart brachte es fertig, ihre Körperzellen so zu verändern, daß sie alles nachahmen und auch ihre Körperfarbe angleichen konnte.

»Ich habe nichts dagegen, daß du die kleine Nervensäge im Mondlabor herumlaufen läßt, aber ich habe dir doch ausdrücklich verboten, Maskottchen an Bord mitzunehmen!« erklärte Captain Future wütend.

»Aber Grag hat seinen Eek doch auch mitgebracht, da habe ich mir gedacht, da kannst du auch Oog mitnehmen«, verteidigte sich der Androide.

Curt schnaubte empört. »Eek ist also auch hier? Wo steckt er, Grag?«

Zögernd öffnete der große Roboter ein Spind und ließ ein weiteres kleines Tier heraus, das allerdings einer anderen Art angehörte. Es war ein kleines, bärenähnliches Wesen mit schwarzen Knopfaugen und mächtigen Kiefern, das gerade zufrieden an einem Stück Kupfer kaute.

Eek, wie Grag sein Maskottchen nannte, war ein Mondhund. Diese Wesen, die auf dem Erdmond beheimatet waren, waren keine Luftatmer und ernährten ihr merkwürdiges Gewebe mit Metallen oder Metallerzen. Sie waren stark telepathisch begabt.

»Schau dir nur das kleine Biest an! Er hat schon die Hälfte der Kupfergeräte dort im Spind aufgefressen«, sagte Curt verbittert.

»Warum, zum Teufel, hast du ihn bloß mitgebracht?«

Grag druckste verlegen. »Na ja, Chef, ich mußte einfach. Eek kann schließlich spüren, was Leute so denken, und er wußte, wo wir hinwollten und war sehr betrübt, daß wir ihn allein zurücklassen wollten. Er ist eben ein empfindliches kleines Kerlchen.«

»Empfindlich? Dieses kleine Untier? Daß ich nicht lache!« meinte Curt und mußte schon wieder schmunzeln.

Simon Wright hatte dem Gezänk keine Aufmerksamkeit geschenkt. Das Gehirn war diese Auseinandersetzungen viel zu sehr gewöhnt, um noch auf sie zu achten. »Curtis, sieh dir mal diese Zahlen an«, sagte es.

Curt schritt zum Gehirn hinüber, das auf seinen Traktorstrahlen über seinen Berechnungen schwebte.

»Hier – jedes Kreuz zeigt ein verschollenes Schiff an«, sagte Simon Wright. »Jedenfalls so genau, wie ich es nur bestimmen konnte.«

Captain Future blickte mutlos auf das Muster hinab. Die Kreuze schienen keinen bestimmbaren Mittelpunkt zu haben, sie verteilten sich in einer langen, ausgedehnten Ellipse, die beinahe von der Umlaufbahn des Uranus bis zu der des Jupiter reichte.

»Das verstehe ich nicht«, brummte Curt verwirrt. »Ich hätte erwartet, daß die Schiffe alle im gleichen Raumsektor verschwinden würden. Damit hätten wir auch den Schlüssel zu ihrem Verschwinden in der Hand gehabt. Aber jetzt sieht es so aus, als müßten wir wohl den ganzen riesigen Quadranten nach Spuren absuchen«.

»Das fürchte ich auch, mein Junge«, meinte das Gehirn. »Und eine solche Suche dürfte uns Wochen kosten.«

Curt begab sich entmutigt wieder zu seinem Pilotensessel und starrte trübsinnig in das gewaltige, sternenübersäte All hinaus. Dann heftete er plötzlich seinen Blick auf den Kometen. Er hatte eine Idee. Mit einemmal erschien diese Möglichkeit vor seinem geistigen Auge, und er eilte in die Hauptkabine zurück.

»Simon, zeig mir noch einmal deine Karte!«

Das Gehirn sah verwundert zu wie Curt die berechneten Kreuze genau musterte.

»Sieh mal, Simon! Die ersten Schiffe sind in der Nähe der Uranusbahn verschollen. Die nächsten verschwanden weiter sonnenwärts. Die Bewegung verläuft immer weiter in Richtung Sonne.«

»Das stimmt«, meinte das Gehirn. »Und was soll das nun bedeuten?«

»Das weiß ich auch noch nicht«, murmelte Curt. »Aber der Halleysche Komet, der uns wieder mal besucht, bewegt sich auch stetig auf die Sonne zu.« Seine Augen blitzten. »Simon, ich weiß ja, daß es sich verrückt anhört, aber ich glaube, daß der Halleysche Komet mit unserem Problem zu tun hat!«

III

Auf der Kometenwelt

Wie eine flammende Welt raste der Halleysche Komet durch die Tiefen des Alls. Im Inneren des riesigen Gebildes pulsierten gewaltige Kräfte, und seine Koma zog einen Schweif von mehreren Kilometern Länge hinter sich her.

Der Komet war das seltsamste der Kinder des Sonnensystems. Seine gewaltige elliptische Bahn führte ihn bis weit über die Umlaufbahnen der äußeren Planeten in die Tiefen des Weltraums an die Gestade der Unendlichkeit.

Doch dann, als würde er dem Ruf seines Muttergestirns folgen, kehrte er immer wieder um und raste mit zunehmender Beschleunigung sonnenwärts, bis er die Bahnen der inneren Planeten mit furchterregender Geschwindigkeit schnitt.

Curt Newton und seine Mannschaft blickten fast ehrfurchtsvoll auf den riesigen leuchtenden Ball, dem sich ihr Schiff immer mehr näherte. Sie waren nur noch eineinhalb Millionen Kilometer von ihm entfernt.

»Sich mit dem Ding da anzulegen, das ist als würde man einem venusischen Sumpftiger einen Schlag aufs Maul verpassen wollen«, brummte Otho. »Diese Koma da ist reinste elektrische Energie. Wenn wir uns ihm zu weit nähern, dann werden wir verbrennen wie eine Motte.«

Plötzlich schien eine gewaltige unsichtbare Faust das Schiff zu packen. Es wurde abrupt mitten im Flug mit einer solchen Wucht gebremst, daß nur das polsternde Stasisfeld sie davor bewahrte, an den Wänden der Kabine zerquetscht zu werden.

Trotzdem war Curt benommen. Er hörte, wie Grag einen lauten Warnschrei ausstieß, und schüttelte heftig den Kopf, um wieder klar denken zu können.

Die *Comet* stürzte mit gewaltiger, immer größer werdender Geschwindigkeit auf den glühenden Kometen zu!

»Was ist denn passiert?« rief Otho. »Chef, sind die Zyklotrone ausgefallen?«

»Nein, die arbeiten normal. Wir müssen in eine

ungeheuer kraftvolle Raumströmung geraten sein, die uns irgendwie auf den Kometen zutreibt«, erwiderte Curt.

Noch während er sprach, gab er vollen Schub mit dem Zyklotronpedal und riß das Ruder herum, um das Schiff wieder auf Kurs zu bringen. Die gewaltigen Zyklotrone heulten auf, und die Raketenröhren spien Feuer. Doch Curts Bemühungen waren vergeblich: Unaufhaltsam wurde das Schiff auf den Kometen zugerissen. Plötzlich sah er, daß die Instrumente begannen, verrückt zu spielen. Die Magnetometer, Gravitometer die Raumdichtemesser und alle anderen Geräte waren entweder durchgebrannt, oder zeigten unmögliche Daten an.

»Das ist keine gewöhnliche Raumströmung!« rief Curt. »Das hier ist irgendein starkes Saugfeld, das vom Kometen ausgeht und uns zieht!«

»Chef, irgend etwas stimmt mit mir nicht!« dröhnte Grag plötzlich verzweifelt. »Ich werde gegen die Kabinenwand gezogen. Ich kann mich gar nicht mehr bewegen!«

Curt sah zu Grag hinüber und mußte mit ansehen, wie der große Roboter mit aller Gewalt versuchte, sich von der Wand fortzustemmen. Auch Simon Wright klebte in seinem Kasten hilflos an der Kabinenwand.

»Mich hat's auch erwischt«, sagte das Gehirn schnarrend, doch ohne jede Spur von Erregtheit. »Das muß ein äußerst starker Magnetstrahl sein.«

Captain Future begriff: Grags gewaltiger Körper und der Metallbehälter des Gehirns waren beide aus einem Metall auf Stahlitbasis, das nun magnetisch angezogen wurde.

Von Sekunde zu Sekunde jagte das Schiff immer schneller auf die unheilvoll gleißende Koma zu. Grag und Simon waren ausgeschaltet. Eek kauerte verschreckt in einer Ecke, nachdem er die Gedanken seines Herrchens telepathisch aufgenommen hatte. Sofort hatte sich Oog, das Meteor-Chamäleon, in eine genaue Nachbildung Eeks verwandelt.

»Immer mit der Ruhe, Leute!« sagte Curt streng. »Wir müssen es eben mit dem Schwingungsantrieb versuchen. Otho, geh ins Heck und starte die Generatoren!«

Curts Kaltblütigkeit beruhigte die anderen und riß sie aus ihrer Verwirrtheit. Otho rannte nach hinten, um die Generatoren zu aktivieren, die den gewaltigen Zusatzantrieb der *Comet* speisten. Dieses Antriebssystem, das die *Comet* mit unglaublicher Geschwindigkeit durchs All befördern konnte, war eigentlich nur für den Einsatz außerhalb des Sonnensystems gedacht. Aber Curt wußte, daß es ihre letzte Chance darstellte und mußte es einfach damit riskieren. Captain Future merkte, daß auch er gegen die Wand gezogen wurde und stellte fest, daß daran seine Protonenpistole schuld war, die an seinem Gürtel hing und deren Stahlit von dem Magnetstrahl erfaßt wurde. Curt zog die Waffe aus ihrem Halfter – sofort wurde sie ihm aus der Hand gerissen und flog gegen die Kabinenwand.

»He, paß doch auf!« rief Grag. »Das Ding hat mich voll am Bauch erwischt!«

»Die Beule kannst du später noch aushämmern«, meinte Curt trocken. »Otho, schläfst du etwa da hinten?«

Als Antwort ertönte plötzlich das bebende Dröhnen des Schwingungsantriebs. »Alles klar, Chef!« meldete Otho, als er wieder in die Kontrollkabine zurücktaumelte. Auch er hatte seine Waffen ablegen müssen.

»Wenn es irgend etwas gibt, das uns aus der Gewalt dieser Magnetfessel reißen kann, dann ist es unser Schwingungsantrieb«, meinte Curt grimmig. »Halt dich fest, Otho!«

Er schaltete die Generatoren auf Schub. Plötzlich erbebte das Schiff, das noch immer wie betäubt auf den Kometen zutaumelte, als es Gegenschub bekam.

Doch es stürzte trotzdem unablässig auf den Halleyschen Kometen zu, unerbittlich in der Gewalt des Magnetstrahls. Curt ging auf volle Schubleistung. Das Schiff erzitterte noch mehr, und ein unheilvolles Knarren und Ächzen zeigte an, daß die Halterungen im Rahmen bis aufs äußerste belastet wurden und nicht mehr lange halten konnten. Und doch bekam er die *Comet* nicht frei.

»Nichts zu machen!« rief Curt enttäuscht. »Nicht einmal mit dem Schwingungsantrieb kommen wir frei! Eisteufel des Pluto, dieser Strahl ist wirklich unvorstellbar stark!«

»Was sollen wir denn jetzt machen?« fragte Otho aufgeregt. »Wir haben nicht mehr viel Zeit. Heilige Sonnenzwerge, schau dir mal diese Koma an!«

Der Anblick draußen wurde immer bedrohlicher: Mit unglaublicher Geschwindigkeit raste das Schiff auf den Kometen zu. Die riesige kugelförmige Koma füllte bereits das ganze All vor ihnen aus und strahlte ihnen ihr grelles, blendendes Licht entgegen.

Die Koma bestand aus einer gewaltigen Hülle von Ionen, von elektrisch geladenen Atomen, die jede

Materie, die mit ihnen in Berührung kam, auf der Stelle vernichten würde.

Und ihr Schiff würde nur zu bald damit in Berührung kommen! Noch nie zuvor hatte Captain Future ein solches Gefühl gehabt: Hilflos in einer Falle zu stecken, aus der sich nicht einmal die Futuremannschaft mit all ihrer Gewitztheit und ihrer wissenschaftlichen Ausrüstung befreien konnte.

Doch nicht einmal in einer solchen Gefahr dachte Curt Newton an sich. Vielmehr hatte er nur Joan Randall und Ezra Gurney im Sinn und an all die anderen, die zusammen mit ihren Schiffen verschollen waren.

»Die sind alle von diesem Strahl in den Kometen hineingezogen worden, Simon!« erklärte er. »Dieser Strahl ist bewußt auf uns gerichtet worden!«

»Ja, das stimmt, mein Junge«, erwiderte das Gehirn hilflos. »Im Halleyschen Kometen scheint es etwas Intelligentes und äußerst Bedrohliches zu geben!«

»Noch fünf Minuten bis wir die Koma berühren!« rief Otho. »Das wäre dann wohl das Ende unserer Weltraumbummelei! Lebwohl, Grag, alter Freund. Tut mir leid, daß ich dich immer damit gehänselt habe, daß du nur ein Roboter bist. Du magst ja nur aus Metall sein, aber du warst ein besserer Mensch als ich!«

»Nein, Otho«, dröhnte Grag traurig. »Du warst wirklich ein guter Kumpel, ich hab's nur nicht so richtig gemerkt. Ich schätze, ich war einfach nur eifersüchtig.«

Curt Newton, der furchtlos in das gleißende Lichtmeer vor ihnen geblickt hatte, rief plötzlich:

»Bevor ihr zwei trauernden Helden euer Testament

macht, solltet ihr euch das hier erst einmal anschauen! Ich glaube, wir werden die Koma durchstoßen!«

Ungläubig starrten sie durch die Sichtscheibe. Ihr Schiff jagte direkt auf die gewaltige, flammende Wand aus elektrischen Strömen zu. Doch in der glühenden Schale der Koma war eine kreisrunde Öffnung zu erkennen, und das Schiff wurde genau darauf zu gezogen.

»Jetzt habe ich es!« rief Captain Future. »Der Magnetstrahl wird durch die Koma projiziert und erzeugt diese Öffnung, wir werden wahrscheinlich hindurchgelangen, ohne mit der Koma in Berührung zu kommen.«

Da geschah es auch schon: Die *Comet* jagte wie ein Pfeil mit wahnwitziger Geschwindigkeit in den Kometen hinein. Curt und Otho schrien auf und legten schützend ihre Hände vor die Augen.

Als Curt wieder aufzublicken wagte, sah er, daß sie tatsächlich durch die Energiehülle hindurchgestoßen waren! Mit unverminderter Geschwindigkeit wurde ihr Schiff von dem kleinen Planeten angezogen, der in dem riesigen Hohlraum schwebte.

Ein Himmelskörper, hier, mitten im Halleyschen Kometen! Eine kleine Welt, die im Kern dieses geheimnisvollen Wanderers im All schwebte!

»Wir haben es geschafft, wir sind in den Kometen eingedrungen!« rief Otho freudig. Dann fiel ihm etwas anderes ein, und er sagte hastig zu Grag: »Ich hoffe, du hast nicht ernstgenommen, was ich über dich sagte, von wegen besserer Mensch als ich und so. Ich wollte dir armen Metallimitation nur eine letzte Freude machen!«

»Das gilt umgekehrt genauso!« dröhnte Grag den Androiden wütend an. »Ich wollte dir nur das Sterben ein wenig erleichtern, als ich sagte, daß du ein guter Kumpel bist – du Produkt einer übelriechenden Chemie-Retorte!«

Curt ignorierte die beiden Zankhähne. »Simon, der Magnetstrahl kommt von dieser kleinen Welt dort vorne! Das bedeutet, daß auch Joan und Ezra hier hineingezogen worden sein müssen.

Wenn sie immer noch auf diesem Planeten sein sollten ...«

»... dann werden wir es nie erfahren!« stöhnte Otho plötzlich auf. »Wenn wir mit dieser Geschwindigkeit auf die Oberfläche prallen, werden wir zu Kleinholz zerschmettert!«

Curt mußte ihm recht geben. Es sah ganz danach aus, als seien sie der Gefahr der Koma nur entronnen, um nun ein genauso schlimmes Ende zu finden. Mit selbstmörderischer Geschwindigkeit rasten sie auf den geheimnisvollen Planeten zu.

Es war eine kleine grüne Welt, deren Oberfläche dicht bewaldet war. Sie schimmerte im grellen, gespenstischen Licht der Koma, die sie völlig umgab.

Curt erkannte eine sternenförmige weiße Stadt auf der Oberfläche. Sie flogen nun direkt auf sie zu, und er erkannte bereits ihre Alabasterkuppeln, ihre Türme und ihre Straßen, die immer schneller auf sie zukamen.

Captain Future hatte sich schon seelisch auf den tödlichen Aufprall vorbereitet, als er plötzlich merkte, wie ihr Fall gebremst wurde.

»Die wollen nicht, daß wir aufprallen!« sagte Curt erstickt. »Wer immer dahinterstecken mag, er will uns jedenfalls in einem Stück haben ...«

»Chef, schau dir das mal an?« rief Otho und zeigte mit zitterndem Finger nach unten.

Im grell gleißenden Licht der Koma erkannte Curt ein rundes Raumhafenfeld nahe dem Zentrum der elfenbeinfarbenen Metropole.

Das Schiff stürzte darauf zu. Der Landeplatz hatte einen Durchmesser von mehreren tausend Metern und war von weißen Türmen umringt, deren Kuppeln von gewaltigen kupfernen Projektoren gekrönt waren. Mitten auf dem runden Feld befand sich eine kreisförmige, silbern schimmernde Scheibe von knapp zweihundert Metern Durchmesser, an deren Außenwand Dutzende von Raumschiffen wohlvertrauter Bauart standen.

»Diese Scheibe ist der Magnet, der uns hinunterzieht!« folgerte Curt. »Ich kann dort unten Leute erkennen ...«

»Und jetzt rumst es gleich!« rief Grag.

Sie prallten nicht eigentlich auf der silbrigen Magnetscheibe auf. Es war vielmehr ein gewaltiger Gegenschub, der sie durchrüttelte, ohne das mittlerweile wesentlich langsamer gewordene Raumschiff zu zerschmettern.

Kurz nach der Landung erhoben Curt und Otho sich. Grag und das Gehirn klebten hilflos am Boden fest.

»Reiß mich doch bitte los, Chef!« dröhnte der Roboter. »Dieser verdammte Magnetstrahl hält mich hier ...«

Da unterbrach ihn ein Hämmern gegen die Luftschleuse der *Comet*.

»Sie dringen ins Schiff ein, wer immer es sein mag!« rief Otho. Seine geschlitzten grünen Augen blitzten gefährlich. »Das gibt ein Handgemenge. So leicht werden uns diese verdammten Kometenpiraten nicht kriegen!«

Curt und Otho sprangen zu ihren Protonenpistolen, doch die wurden unerbittlich von dem mächtigen Magnetstrahl am Boden festgehalten.

Mit einem gewaltigen Krachen sprang die Luke auf, und ein halbes Dutzend Männer stürzte in die Kabine.

»Heilige Sonnenkobolde!« kreischte Otho. »Das sind ja Kometenteufel!«

Selbst Captain Future war einen Augenblick lang wie erstarrt. Diese Kometenmenschen, die da in ihr Schiff eingedrungen waren, sahen ganz und gar unirdisch aus. Es waren hochgewachsene Burschen mit hellem Haar, die ärmellose Hemden und kurze silberfarbene Hosen trugen. An ihren Gürteln hingen lange Schwerter, und zwei von ihnen hielten gewehrähnliche Waffen in den Händen, die anstelle von Läufen Elektroden besaßen. Aber die Männer *leuchteten* förmlich vor innerem Licht! Jeder Zentimeter ihres Körpers strahlte ein gleißendes, blendendes Licht aus, das dem der Koma glich.

»Es sind Menschen, auch wenn sie leuchten und strahlen!« rief Curt. »Vertreibt sie aus dem Schiff! Wenn wir diesen Magneten unschädlich machen können ...«

Mit diesen Worten stürzte er schon vor und griff die Eindringlinge mit wirbelnden Fäusten an. Doch als er den ersten glühenden Kometenmenschen berührte, spürte Curt Newton, wie sein Arm gelähmt wurde. Sein Körper verkrampfte sich und wurde steif vor Schmerz. Er begriff, daß es nicht das Licht war, das eine solche Wirkung hervorrief, sondern elektrische Kraft. Diese Menschen standen unter Strom! Jeder einzelne von ihnen besaß eine solche Stromspannung, daß er sie alle gemeinsam damit hätte umbringen können.

»Zurück! Rührt sie nicht an!« rief Curt Otho warnend zu!

Noch während er das ausrief, streckte einer der leuchtenden Elektromenschen die Hand vor und berührte ihn am Kopf.

Wie scharfe Pfeilspitzen stachen die elektrischen Strömungen in Curts Gehirn, und er verlor auf der Stelle das Bewußtsein.

IV

Die Kometenmenschen

Als Curt wieder zu sich kam, hatte er das merkwürdige Gefühl, unter einem mächtigen Generator zu liegen, dessen Kraftströme jede Faser seines Körpers prickelnd entlangflossen.

»Er kommt langsam zu sich, Grag«, schnarrte eine ihm wohlvertraute metallische Stimme. »Du brauchst dir also keine Sorgen mehr zu machen.«

Curt öffnete mühsam die Augen. Grag, Otho und das Gehirn standen besorgt vor ihm, und die Maskottchen Oog und Eek kauerten verängstigt in einer Ecke.

Er lag auf dem Boden eines kleinen, zellenähnlichen Raums aus weißem Synthostein. Der Raum besaß eine schwere Metalltür und ein hoch angebrachtes, winziges Fenster, durch das grelles weißes Licht strömte.

»Simon, was ist passiert nachdem ich ohnmächtig geworden bin?« fragte Curt.

»Ich weiß jedenfalls, was mit *mir* passiert ist!« sagte Otho wütend. »Einer von diesen verdammten leuchtenden Männern hat mich genauso angepackt wie dich. Da bekam ich einen gewischt, daß ich umkippte. Ich bin auch erst gerade eben wieder aufgewacht.«

»Und wir konnten euch überhaupt nicht helfen!« dröhnte Grag zornig. »Simon und ich wurden von diesem teuflischen Magnetismus am Boden festgehalten.«

»Es stimmt, mein Junge«, sagte das Gehirn zu Curt. »Nachdem du und Otho ausgeschaltet waren, haben die leuchtenden Männer Grag und mich mit Ketten gefesselt. Dann haben sie draußen den Magneten abgeschaltet und uns vier samt Maskottchen in diese Zelle gebracht.«

»Habt ihr vielleicht Joan irgendwo auf dem Weg hierher gesehen?« fragte Captain Future besorgt.

»Nein, mein Junge«, sagte das Gehirn leise. »Es ist möglich, daß sie genauso irgendwo in dieser verdammten Stadt gefangengehalten wird wir wir.«

Curt schritt voller Unruhe ans Fenster. Er stellte sich auf die Zehenspitzen und blickte hinaus.

Draußen sah er anmutige alabasterne Gebäude aus weißem Synthostein, die von blasenförmigen Kuppeln und schlanken Türmen überragt wurden. Er blickte direkt auf den großen Platz hinaus, auf dem sich die Magnetscheibe befand. Ihr Schiff stand dort neben den anderen. Auf der anderen Seite des Platzes war ein großer weißer Palast mit einer riesigen hohen Kuppel zu sehen.

Auf den weißen Straßen und grünen Parks bewegten sich viele Einwohner dieser Kometenwelt, teils zu Fuß, teils in sechsrädrigen Kraftfahrzeugen. Es waren alles hellhaarige Mädchen, schöne Frauen und anmutige Männer. Alle leuchteten und strahlten dieselbe rätselhafte elektrische Kraft aus. Sie wirkten wie Lichtengel, die sich in einer seltsamen himmlischen Stadt bewegten.

Vom Himmel strömte eine Flut weißen Leuchtens auf die Alabasterstadt, denn es war die flammende Aura des Kometenkerns.

»Wer hätte auch nur zu träumen gewagt, daß all das hier im Halleyschen Kometen zu finden ist?« murmelte Otho, der über Curts Schulter hinauslugte.

Curts graue Augen verengten sich.

»Diese Kometenmenschen sind die Feinde unseres Systems. Das müssen sie sein, sonst hätten sie nicht diesen gigantischen Elektromagneten konstruiert, um mit Hilfe seiner Strahlung weit entfernte Schiffe hierher zu verschleppen.«

»Aber was sind das für Leute?« fragte Grag verwirrt. »Sie leuchten so, als seien sie stark mit Elektrizität geladen.«

»Bei allen Uranusteufeln!« rief Otho. »Wenn du auch nur einen von ihnen berührt hättest, dann wüßtest du, daß sie tatsächlich elektrisch geladen sind!«

Curt Newton nickte. »Daran besteht kein Zweifel. Diese Leute besitzen alle eine körpereigene elektrische Ladung, die sie eigentlich zerstören müßte – aber das tut sie nicht. Simon, was hältst du davon?«

»Das ist alles sehr merkwürdig«, murmelt das

Gehirn. »Allerdings ist das Leben von seiner Natur her ja durchaus elektrisch. Schon damals im zwanzigsten Jahrhundert hat Crile nachgewiesen, daß die lebenden Zellen eines Organismus eine Art winziger Batterien sind, die den elektrischen Strom erzeugen, den wir Leben nennen.«

»Theoretisch mag alles Leben elektrisch sein. Aber Elektrowesen wie diese hat nie zuvor irgend jemand gesehen«, warf Otho ein. »Und warum haben sie unser Schiff hierhergezogen? Was haben sie mit uns vor?«

»Und was noch wichtiger ist: Was haben sie mit Joan und Ezra gemacht?« unterbrach ihn Curt. Seine Augen blitzten gefährlich. »Wenn sie ihr etwas angetan haben sollten ...«

»Ich höre ein Klopfen an der Wand«, sagte Grag plötzlich.

Sie lauschten, hörten aber zunächst nichts. Dann klangen draußen vor ihrer Zellentür Schritte auf.

»Das war es wohl, was du gehört hast«, brummte Otho, »unsere Wärter kommen.«

Da öffnete sich eine kleine Öffnung in der Zellentür, es wurde etwas hindurchgeschoben, dann schloß sich die Luke wieder.

Ihre Wärter hatten ihnen zwei Dinge in die Zelle geschoben: Eine Schüssel mit synthetischem Brei, der offenbar als Nahrung dienen sollte, und ein Buch. Das Buch sah merkwürdig aus. Die Seiten bestanden aus dünnem, silbrigem Metall, auf dem Gegenstände und Handlungen abgebildet waren. Darunter standen ihnen unbekannte Wörter.

»He, das ist ein Grundlehrbuch ihrer Sprache!« sagte Curt verblüfft. »Vielleicht sind sie uns doch nicht ganz feindlich gesonnen.«

»Vielleicht haben sie mir den Stromstoß ja auch nur zum Spaß verpaßt!« meinte Otho verbittert.

»Ich höre schon wieder ein Klopfen an der Wand«, unterbrach sie Grag.

»Das Klopfen ist höchstens in deinem Schädel, du Eimerkopf!« sagte Otho ungeduldig. »Wahrscheinlich ist bei dir ein Zahnrad im Gehirn gesprungen.«

Grag, immer empfindlich, wenn auf seine maschinelle Natur angespielt wurde, geriet in Wut. »Du widerlicher kleiner Chemikalienmischmasch, ich werde ...«

»Aufhören!« befahl Captain Future scharf. »Ich höre das Klopfen auch. Es ist ein interplanetarer Kode. Hört zu!«

Das Geräusch ertönte an einer der Zellenwände.

»SQ?« hieß es in dem Universalkode des Systems.

»SQ? – wer ist da?« übersetzte Curt. Seine Augen leuchteten auf. »Es gibt hier also noch weitere Gefangene. Vielleicht ist es Joan?«

Hastig klopfte er eine Antwort, gab seine Identität bekannt und schloß mit derselben Frage.

Die Antwort kam schnell.

»Seid ihr Neuen wirklich die berühmten Future-Leute? Ich bin Tiko Thrin, Wissenschaftler aus den Syrtis-Laboratorien des Mars. Es tut mir leid, daß ihr jetzt auch die Gefangenen der Kometenmenschen seid.«

»So nennen Sie die also auch?« fragte Curt.

»So nennen sie sich selbst«, klopfte Tiko Thrin. »Ich habe ihre Sprache gelernt und vieles über sie in Erfahrung gebracht, denn ich bin schon lange hier. Seit unser Passagierraumer in den Kometen hineingezogen wurde.«

»Wissen Sie auch etwas über andere Gefangene?« klopfte Curt besorgt. »Besonders etwas über Marshal Ezra Gurney und eine junge Frau namens Joan Randall?«

»Sie befinden sich beide hier in der Stadt Mloon«, lautete die Antwort. »Ich habe gehört, wie sie hineingeführt wurden, es ist schon einige Tage her. Ezra Gurney ist immer noch hier gefangen. Ich habe mich oft mit ihm per Kode unterhalten. Die Gefangenen in den anderen Zellen geben unsere Signale von Zelle zu Zelle weiter.«

»Fragen Sie ihn bitte, ob es ihm und Joan gutgeht«, bat Curt sofort.

Mit klopfendem Herzen wartete er hoffnungsvoll auf die Antwort. Doch als sie kam, da war sie enttäuschend.

»Ezra ist überaus froh, daß ihr Future-Leute hier seid. Er sagt, daß es ihm gutgehe, aber daß er sich Sorgen wegen der jungen Frau macht. Sie ist nicht mehr hier im Gefängnis, sagt er, sondern irgendwo in der Stadt.«

»Fragen Sie ihn, was mit ihr geschehen ist!« bat Captain Future den Marsianer beunruhigt.

Wieder dauerte es mehrere Minuten, bis er eine Antwort erhielt.

»Er sagt, daß er und Joan den Herrschern der Kometenmenschen vorgeführt worden sind, König Thoryx und Königin Lulain. Sie haben sie dazu aufgefordert, sich den Kometenmenschen anzuschließen, aber Ezra hat abgelehnt und ist hierhergebracht worden. Das Mädchen aber nicht.«

Curts Unruhe wuchs. Tiko Thrin klopfte weiter gegen die Wand.

»Alle Gefangenen, die hierherkommen, erhalten zunächst einmal Gelegenheit, die Sprache zu lernen. Dann fordert man sie dazu auf, sich den Kometenmenschen anzuschließen. Diejenigen, die ablehnen, werden hierhergeschafft, wie ich auch. Man sperrt uns solange ein, bis wir es uns in unserer Einzelhaft anders überlegen. Es sind schon viele Gefangene schwach geworden und haben aufgegeben. Vielleicht gehört die junge Frau ja auch dazu.«

»Wenn sie dem System feindlich gesonnen sind, dann hat sich Joan ihnen niemals angeschlossen!« klopfte Curt zurück. »Es könnte allerdings sein, daß sie sie täuschen will. Was haben die Kometenmenschen denn vor, daß sie ein Interesse daran haben, Leute zu rekrutieren?«

»Das weiß ich nicht«, lautete Tiko Thrins Antwort. »Es ist zwar deutlich, daß die Kometenmenschen etwas Schwerwiegendes planen, aber ich habe nicht die leiseste Ahnung, was es sein könnte. Sie gehorchen in allem, was sie tun, lediglich den Anweisungen der Allus.«

»Den Allus? Wer sind denn die Allus?«

»Auch das weiß ich nicht«, erwiderte der Marsianer. »Ich weiß nur, daß die Allus die wahren Herren dieser merkwürdigen Kometenwelt sind, und daß die Kometenmenschen sie mit einem Respekt und einer Ehrfurcht betrachten, die an Angst und Schrecken grenzt.«

»Sind die Allus Menschen? Wie sehen sie aus?« fragte Curt.

»Keiner von uns Gefangenen hat jemals Allus gesehen«, klopfte Tiko Thrin als Antwort. »Die Allus kommen niemals in die Stadt der Kometenmenschen.

Sie leben an irgendeinem geheimnisvollen Ort im Norden. Die Kometenmenschen nennen die Allus immer die ›dunklen Meister‹ oder ›die, die hinter dem Schleier leben‹.«

»Der Teufel soll diese Geheimnisse holen!« rief Otho zornig. »Ich will nur eines wissen: Wie kommen wir hier wieder heraus?«

Als Curt diese Frage weitergegeben hatte, erhielten sie eine entmutigende Antwort.

»Ich fürchte, nicht einmal ihr Future-Leute könnt von hier entkommen. Man wird euch solange eingesperrt halten, bis ihr die Sprache der Kometenmenschen beherrscht. Dann wird man euch den Herrschern vorführen.«

Der Marsianer fügte noch eine Warnung hinzu: »Versucht bloß nicht, die Kometenmenschen unbedacht anzugreifen. Sie besitzen äußerst mächtige Waffen. Und natürlich ihre elektrische Schutzladung, die ihre Körper unsterblich macht.«

»*Unsterblich?*« wiederholte Curt. »Wollen Sie damit etwa sagen, daß dieses Elektrovolk keinen Tod kennt?«

»Ganz genau. Die Kometenmenschen können nicht sterben, es sei denn, sie verlassen diesen Kometen. Dann würden sie an einem Mangel an elektrischer Strahlung eingehen, denn das ist ihre Nahrung.«

»Die Kometenmenschen leben von Elektrizität?« fragte Curt ungläubig.

»Das tun sie, ja«, erwiderte der Marsianer. »Sie wissen ja sicherlich, daß das ganze Leben auf elektrischer Energie beruht. Wir beziehen sie aus den chemischen Batterien unserer Körperzellen. Wenn die

Zellen abgenutzt sind und keine elektrischen Ströme mehr hervorbringen können, dann werden wir alt und sterben. Aber die Zellen der Kometenmenschen sind irgendwie abgewandelt worden, so daß sie diese lebenswichtige Energie nicht produzieren, sondern sie einfach *empfangen*, und zwar aus der elektrischen Ladung der Koma. Es ist die gleiche Strahlung, die Sie jetzt vermutlich auch gerade durch ihre Körper strömen spüren.«

»Deshalb brauchen die Kometenmenschen auch weder zu essen noch zu trinken, weil sie ihre Lebensenergie ja aus der Koma beziehen. Und deshalb können sie auch nicht altern und nicht sterben – außer durch Unfälle.«

»Das ist ja hochinteressant«, meinte das Gehirn fasziniert. Curt mußte für Simon noch eine weitere Frage durchklopfen. »Waren die Kometenmenschen schon immer so, oder waren sie früher einmal ganz normale Menschen?«

»Ich bin mir ziemlich sicher, daß sie bis vor wenigen Jahren noch ganz gewöhnliche Menschen gewesen sind. Das geht jedenfalls aus dem hervor, was durch unser Klopfleitung so alles weitergeleitet wird. Es heißt, daß die Allus sie erst vor ein paar Jahren von gewöhnlichen in unsterbliche Elektromenschen verwandelt haben.«

»Wer immer diese geheimnisvollen Allus auch sein mögen, auf jeden Fall müssen sie über eine geradezu unglaubliche Wissenschaft und Technologie verfügen, wenn sie so etwas zustande bringen!« sagte Otho erstaunt.

Plötzlich wurde der Nachrichtenaustausch durch ein dumpfes Dröhnen unterbrochen, das durchs Fenster in die Zelle drang. Es hörte sich an wie das Läuten einer großen Glocke.

»Das bedeutet, daß nun die ›Nacht‹ eingebrochen ist«, klopfte Tiko Thrin als Antwort auf Curts Frage. »Natürlich gibt es auf dieser Welt keine wirkliche Nacht, aber die Kometenmenschen kennen dennoch eine Schlafperiode, die sie alle einhalten.«

Draußen in der Stadt ließ das geschäftige Treiben nach. Schon wenig später waren nur noch vereinzelte Elektromenschen in den Straßen zu sehen.

*

Am nächsten »Morgen« öffnete sich wieder die Luke in der Zellentür, und man schob ihnen erneut synthetische Nahrung herein. Einer der Wärter sagte etwas draußen vor der Tür. Es hörte sich wie eine Frage an, die er in seiner, ihnen unvertrauten Sprache stellte. Als er keine Antwort bekam, ging er weiter.

Drei Tage lang geschah nun jeden Morgen das gleiche. Curt verbrachte den größten Teil seiner Zeit damit, die Sprache der Kometenmenschen zu studieren. Erst wenn sie ihre Sprache beherrschten, würde man sie wohl den Herrschern dieses seltsamen Volkes vorführen. Curt Newton war sich darüber im klaren, daß dies die einzige Möglichkeit sein würde, aus dem Gefängnis freizukommen. Ihre Zellentür wurde niemals geöffnet. Man hatte ihnen sämtliche Waffen und Werkzeuge abgenommen. So einfach ihr Gefängnis auch gebaut war, so ausbruchsicher war es doch.

Otho, das Gehirn und Grag eigneten sich die Sprache ebenfalls in Grundzügen an, obwohl Simon

Wright auch sehr viel Zeit damit verbrachte, sich mit seinem wissenschaftlichen Kollegen in der Nachbarzelle über die Rätsel dieser Kometenwelt auszutauschen. Grag und Otho, denen das Eingeschlossensein nicht gut bekam, zankten sich ständig, während Oog friedlich in einer Ecke schlief und Eek zufrieden an einer Metallschüssel knabberte.

Am dritten »Morgen« konnte Captain Future die übliche Frage des Wärters endlich verstehen.

»Könnt ihr unsere Sprache sprechen?« wollte der Wärter wissen.

»Ja, das kann ich«, erwiderte Curt zögernd.

Der Wärter stieß Rufe des Erstaunens aus. »Ihr habt aber schnell gelernt! Ich werde Zarn rufen, den Gefängnischef.«

Bald darauf ertönte die dunkle Stimme dieses Gefängnisbeamten vor der Tür. »Sie können also bereits unsere Sprache sprechen?«

»Ja, und wir verlangen, daß Ihr Volk uns eine Erklärung für unsere Gefangenschaft gibt!« erwiderte Captain Future.

»König Thoryx wird Ihnen darauf antworten«, entgegnete Zarn. »Aber ich darf Sie noch nicht zu ihm bringen. Ich werde Khinkir verständigen, den Hauptmann der königlichen Wache.«

Einige Zeit darauf wurde die Zellentür unerwartet geöffnet. Draußen standen zwei Offiziere und ein halbes Dutzend Soldaten.

Alle Elektromänner trugen Schwerter an ihren Gürteln. Und drei von ihnen hielten offenbar schußbereite gewehrähnliche Waffen in den Händen, die anstelle von Läufen Kupferelektroden besaßen. Khinkir, der Hauptmann der königlichen Garde, sah jünger aus als die anderen, und seine silbrige Uniform war reicher verziert.

»Lassen Sie mich Ihnen mitteilen«, warnte Khinkir Captain Future sofort, »daß diese Waffen eine gebündelte elektrische Ladung abstrahlen, die Sie in Sekundenbruchteilen vernichten kann. Dies nur für den Fall, daß Sie etwas Voreiliges versuchen sollten. Und nun kommen Sie mit.«

Curts Begleiter wollten ihm folgen, doch Khinkir winkte hastig ab. »Die nicht! Nur dieser Mann darf mitkommen!«

»Warum dürfen meine Kameraden mich nicht begleiten?« wollte Curt wissen.

»Weil sie nicht menschlich sind«, erwiderte Khinkir und musterte das seltsame Trio nervös. »Wir wissen nicht, über welche Kräfte sie vielleicht verfügen, und der König hat befohlen, daß sie hierbleiben sollen.«

Otho machte aus seinem Zorn keinen Hehl. Insgeheim hatte er den wahnwitzigen Plan gehegt, den Herrscher der Kometenmenschen als Geisel zu nehmen. Das hatte der Androide Curt natürlich lieber nicht erzählt. Jetzt war dieser Plan durchkreuzt worden, und Otho kochte vor Wut.

»Ihr tut gut daran, euch vor unserer Macht zu fürchten!« sagte er drohend zu dem Hauptmann. »Wenn ihr uns hier gefangenhaltet, dann werdet ihr unsere Kräfte schon noch zu spüren bekommen. Ha! Mein Metallfreund hier könnte schließlich das ganze Gebäude einreißen, wenn er das wollte!«

Grag war zwar über diese plötzliche Behauptung etwas erstaunt, verlieh ihr jedoch sofort dadurch Nachdruck, daß er mit seinen Fäusten wild gegen seinen metallenen Brustkorb hämmerte. »Das ist wahr!« dröhnte er. »Ich könnte das Gebäude einreißen, als sei es aus Papier.«

»Und das Gehirn dort«, fuhr Otho mit seinen Drohungen fort, »verfügt über wissenschaftliche Fähigkeiten, von denen ihr nicht einmal zu träumen wagt! Fähigkeiten, gegen die die der Allus geradezu lächerlich sind!«

»Halt die Klappe, du Idiot!« zischte Curt Otho zu. »Laß mich das gefälligst handhaben!«

Zarn war mit den Kometenmenschen ein Stück zurückgewichen, doch Khinkir gab nun wütend Antwort.

»Kein Einzelwesen verfügt über Kräfte, die sich auch nur annähernd mit denen der Mächtigen hinter dem Schleier messen lassen! Ihr habt die Allus gelästert!« Er wandte sich an Zarn. »Lassen Sie diese Zelle von nun an verstärkt bewachen, Zarn. Diese Wesen sind gefährlich!«

Curt Newton verwünschte Othos närrisches Spiel, während man ihn den Gang entlangführte. Am Ende des Korridors kamen sie in ein Wachzimmer voller Soldaten. Man führte Curt aus dem Gebäude ins Freie, wo er blinzeln mußte, weil er an das grelle Licht des Komahimmels nicht mehr gewöhnt war. Die elektrische Strahlung strömte sanft durch seinen Körper. Khinkir und die Wachen hielten ihre Waffen auf ihn gerichtet, während sie ihn um den Platz zu dem großen weißen Palast führten.

Die hochgeschwungenen weißen Hallen des Palastes waren sehr imposant, seine alabasternen Wände mit silbernen Fresken verziert. Schließlich kamen sie in einen großen, kreisförmigen Thronraum, dessen

Kuppeldecke sich hoch über ihre Köpfe erhob. Captain Future erblickte einen strahlend leuchtenden Doppelthron, einen breiten, bankähnlichen Stuhl aus massivem Silber mit einer runden, goldenen Rückenlehne.

Darauf saßen ein Mann und eine Frau, beide Kometenmenschen, die leuchtende Kleider trugen und eben den Worten eines alten Mannes lauschten.

»Das sind also wohl König Thoryx und Königin Lulain«, überlegte Curt, als man ihn auf sie zuführte. »Ich sehe gar keine Allus.«

Im ganzen Thronsaal standen Gruppen von Höflingen der Kometenmenschen, gut aussehende Männer und Frauen, die Licht ausstrahlten, das ihnen ein geradezu engelhaftes Aussehen verlieh. Doch ihre Gesichter waren ganz und gar nicht engelhaft! Curt meinte, eine düstere Bedrücktheit in ihren Zügen zu erkennen, eine vage, verzehrende Furcht.

Da zuckte er plötzlich zusammen, als er eine der Elektrofrauen erblickte. In ihrer spärlichen Silberkleidung war sie eine Gestalt von leuchtender, überirdischer Schönheit. Ihr ganzer schlanker Körper strahlte elektrische Energie aus. Doch ihr Haar war nicht hell, wie das der anderen Kometenmenschen, sondern dunkel.

Curt Newton war entsetzt. Er traute seinen Augen nicht.

»Das ist doch unmöglich!« murmelte er heiser.

Doch als er sich ihr weiter näherte, war kein Zweifel mehr möglich: Die gespenstisch leuchtende Gestalt war niemand anders als Joan Randall!

V

Im Schatten der Allus

Nachdem Captain Future abgeführt und die Zellentür wieder verriegelt worden war, blickte das Gehirn Otho vorwurfsvoll an. Simon Wright ließ sich nie vom Zorn überwältigen. Sein kalter, intellektueller Verstand lehnte jede nutzlose Gefühlsverschwendung ab. Aber gerade das machte seinen Tadel besonders unangenehm.

»Du warst äußerst voreilig und dumm«, sagte er streng. »Dein leeres Geschwätz hat die Elektromenschen davon überzeugt, daß wir wirklich gefährlich sind. Jetzt wird man uns noch schärfer bewachen.«

»Ich hab' mich einfach nicht mehr beherrschen können«, gestand Otho verdrossen. »Aber was macht es schon für einen Unterschied? Wir kommen hier ja sowieso nicht raus.«

Da hörten sie Schritte, die sich näherten. Plötzlich ging die Tür überraschend auf, und Zarn trat ein. Er hielt eine der Elektrodenwaffen in den Händen. Doch er stand zunächst nur da und musterte seine Gefangenen schweigend. Er wirkte unentschlossen und schien einen Kampf zwischen Zweifel und Hoffnung in seinem Inneren auszutragen. Schließlich sprach er das Gehirn an.

»Stimmt es, was Ihr Gefährte sagt? Daß Sie ein Meister einer Wissenschaft sind, die noch gewaltiger ist als die der Allus?«

Simon entschloß sich zu einer vorsichtig formulierten Antwort.

»Meine Gefährten und ich sind im Besitz gewisser

wissenschaftlicher Kräfte und Fähigkeiten, ja. Ich weiß nicht, ob sie größer und mächtiger sind als die der Allus, denn ich weiß nichts über die Allus und ihre Methoden.«

Zarn trat näher und streckte eine leicht zitternde Hand aus, die, wie sein ganzer Körper, vor elektrischer Ladung schimmerte.

»Sie sehen, daß ich jetzt ein Elektrowesen bin, so wie mein ganzes Volk«, sagte er heiser. »Es war die Wissenschaft der Allus, die mich dazu gemacht hat. Könnten Sie das rückgängig machen?«

»Sie meinen, ob ich Sie wieder in einen gewöhnlichen, nicht-elektrischen Menschen verwandeln kann?« fragte das Gehirn erstaunt.

Zarn nickte eifrig und heftete seinen Blick unentwegt auf das Gehirn.

»Könnten Sie das?«

Simon spürte, daß von seiner Antwort sehr viel abhängen konnte. Er wußte zwar noch nicht genau, was der Kometenmensch genau wollte, aber es war deutlich, daß ihm seine Antwort äußerst wichtig war.

Das Gehirn dachte schnell nach, bevor es sprach:

»Es sollte möglich sein«, erwiderte Simon vorsichtig, die Änderungen die in Ihren Zellen vorgenommen wurden rückgängig zu machen. Aber dazu müßten unser rothaariger Anführer und ich Ihren Körper zunächst gründlich untersuchen, bevor wir das mit Gewißheit sagen können.«

Eine wilde, verzweifelte Hoffnung leuchtete in Zarns Augen auf. Er ballte seine Hand zur Faust.

»Wenn Sie das könnten!« flüsterte er mit heiserer Stimme. »Wenn Sie mein Volk und mich von diesem schrecklichen lebendigen Tod befreien und wieder zu normalen Menschen machen könnten!«

»Wollen Sie damit sagen, daß Ihnen Ihr jetziger Zustand nicht gefällt?« fragte Otho ungläubig.

»Nicht gefällt?« wiederholte Zarn. Er lachte verbittert. »Fremder, würde es Ihnen gefallen, eine solche Verhöhnung von einem Leben führen zu müssen? Früher waren wir einmal gewöhnliche Menschen. Wir verlebten eine glückliche Kindheit, wuchsen heran, wurden reif, verliebten uns und zeugten eigene Kinder. Wir wurden in Frieden alt und starben eines ruhigen Todes, der uns Rast und Frieden bescherte. Aber jetzt!« Seine Stimme klang bewegt. »Für uns gibt es kein Entkommen mehr, wenn wir unseres Lebens nicht derart überdrüssig werden, daß wir selbst Hand an uns legen!«

»Mir ist auch schon aufgefallen, daß ich in der Stadt nicht ein Kind gesehen habe«, erinnerte sich das Gehirn. »Ich hätte eigentlich von selbst darauf kommen müssen, daß euch die elektrische Aufladung steril gemacht hat.«

»Warum haben Sie sich denn derart verwandeln lassen, wenn es Ihnen nicht gefällt, so zu leben?« fragte Otho Zarn abrupt.

»Mein Volk ist nicht gefragt worden!« erwiderte Zarn heftig. »Man hat uns dies zugefügt, ohne unsere Erlaubnis einzuholen. Die einzigen, die diese Umwandlung gewollt haben, waren die Tyrannen, die uns regieren – Thoryx und Lulain und dieser Teufelspriester, der alte Querdel. *Sie* waren es, die das Ganze zusammen mit den Allus ausgeheckt haben.«

»Wer sind denn nun eigentlich diese Allus?« fragte das Gehirn.

Zarn blickte ihn furchterfüllt an.

»Keiner von uns Kometenmenschen weiß viel über

die Allus, nur unsere Herrscher. Aber wir wissen, daß sie ganz und gar nichtmenschlich sind. Sie haben keine menschliche Gestalt und verfügen über unvorstellbare Fähigkeiten. Und wir wissen auch, daß sie eigentlich gar nicht aus diesem Kosmos stammen, sondern von woandersher zu uns gekommen sind.«

»Nicht aus unserem Kosmos?« fragte Otho verblüfft.

»Ich kann nur das weitergeben, was ich selbst gehört habe«, erwiderte Zarn. »Ich habe noch nie Allus gesehen, obwohl wir alle in ihrer schwarzen Zitadelle im Norden zu Elektromenschen verwandelt worden sind.«

»Sie sprechen in Rätseln!« rief Otho. »Wenn Sie dort gewesen sind, dann müssen Sie sie doch gesehen haben!«

»Nein, keiner von unserem Volk hat sie jemals gesehen oder auch nur begriffen, auf welche Weise sie uns verwandelt haben«, wiederholte Zarn. »Ich weiß ja, daß es unglaublich klingt, aber genauso ist es.«

»Laß ihn auf seine Weise erzählen, Otho!« befahl das Gehirn.

Zarn fuhr fort.

»Wir Kometenmenschen leben schon lange auf dieser Welt, die vor Urzeiten von unseren Vorfahren besiedelt wurde. Sie sind durch ein zufällig entdecktes Loch in der Koma hier eingedrungen. Damals waren wir ein ganz normales menschliches Volk und haben hier als solches lange lange Zeit gelebt.

Unsere Regierungsgewalt geriet in die Hände einer kleinen Klasse von Adligen, die sich um den Erdkönig scharten. Aber trotz der Ausbeutung durch diese herrschende Klasse war unser Leben ganz erträglich.

Dann fiel plötzlich der Schatten der Allus auf uns wie ein böser Traum. Das Elend wurde von Querdel auf uns herabgeschworen, einem älteren Edelmann, der zu den Beratern von König Thoryx zählt. Querdel ist so etwas wie ein Wissenschaftler, auch wenn unsere Wissenschaft in Ihren Augen wahrscheinlich nur unbeholfen und primitiv aussehen mag.

Bei seinen teuflischen Forschungen ist es Querdel irgendwie gelungen, Kontakt zu Wesen aufzunehmen, die ein unheimliches, fremdes Universum bewohnen, das in einer metadimensionalen Ausbuchtung jenseits unseres eigenen Kosmos existiert.

Diese Wesen nannten sich selbst Allus. Sie hatten offenbar schon seit langem versucht, Verbindung mit unserem Universum aufzunehmen. Denn die Allus wollten in unseren Kosmos eindringen. Aus dem extrakosmischen Abgrund, in dem sie hausten, wollten sie eine Tür in unsere Welt aufstoßen. Da die Tür sich nicht von ihrer Seite allein öffnen ließ, sondern nur von beiden Seiten gleichzeitig, brauchten sie jemand, der ihnen auf unserer Seite dabei behilflich war.«

Zarns Augen funkelten zornig.

»Mit dem alten Querdel hatten sie den richtigen gefunden«, sagte er. »Sie haben dem alten Teufel eine Menge verlockender Versprechungen gemacht, und Thoryx und Lulain ebenfalls. Sie haben zu ihnen gesagt: ›Wir Allus besitzen Fähigkeiten, von denen ihr nicht einmal zu träumen wagt, und wir werden euch reich belohnen – wenn ihr uns dabei helft, in euren Kosmos einzudringen. Wir belohnen euch damit, daß wir euch und euer Volk unsterblich machen. Ihr werdet wie Götter sein.‹

Thoryx, Lulain und Querdel sowie unsere anderen Herrscher ließen sich bestechen. Sie gierten nach der versprochenen Unsterblichkeit. Also gehorchten sie den mentalen Befehlen der Allus, die durch den Schleier kamen, und waren ihnen dabei behilflich, das Eindringen der dunklen Meister in unser Universum vorzubereiten.

Sie ließen uns Kometenmenschen am Nordpol unserer Welt eine große, ringförmige Zitadelle errichten, sowie einige seltsame Geräte und Maschinen, deren Zweck uns rätselhaft war. Nur die Allus, die alles durch mentale Befehle steuerten, wußten, was gespielt wurde.

Dann, auf Geheiß der dunklen Meister, aktivierten Thoryx und der alte Querdel allein die nördliche Zitadelle. Sie öffneten damit die Tür in die metadimensionalen Abgründe, die jenseits unseres Kosmos liegen. Und irgendwie sind dann die Allus durch diese Tür in unser Universum eingedrungen und haben sich in der Zitadelle niedergelassen. Und sie haben auch ihr Wort gehalten und Thoryx und den alten Querdel unsterblich gemacht.

Denn als Thoryx und Querdel aus der Zitadelle zu uns zurückkehrten, da hatte man sie in leuchtende Elektromenschen verwandelt, so wie Sie sie jetzt kennen. Sie haben uns damals gesagt, daß die Allus dies getan hätten, und daß sie uns allen dieses wunderbare Geschenk der Unsterblichkeit bescheren würden.

Einige Mitglieder meines Volkes, besonders die Edelmänner der herrschenden Klasse, ließen sich dafür gewinnen, aber die große Mehrheit lehnte das Angebot ab. Wir wollten einfach keine Elektromenschen werden wie Thoryx und Lulain, auch wenn wir damit Alter und Tod auf alle Zeiten hätten beseitigen können. Aber wir wollten unsere Menschlichkeit nicht verlieren, und wir fürchteten uns vor den dunklen, geheimnisvollen Allus und trauten ihnen nicht.

Aber man ließ uns gewöhnlichen Menschen keine Wahl! Thoryx und der Adel waren darauf bedacht, uns unsterblich zu machen. Denn die Allus hatten unseren Herrschern versprochen, daß sie dadurch zu großer Macht über viele Völker gelangen würden. Nach und nach begaben sich die Edelleute in Gruppen nach Norden und kehrten als Elektromenschen zu uns zurück.

Dann befahl man uns Soldaten und dem restlichen Volk ebenfalls, uns in Gruppen nach Norden zu verfügen. Wir näherten uns der geheimnisvollen Zitadelle, die wir für die dunklen Meister erbaut hatten, doch bevor wir sie betraten, legte sich ein dunkler Schleier über unseren Verstand. Das hatten die Allus getan, damit wir nicht hinter ihre Geheimnisse kamen. Als sich der Schleier wieder hob, da fanden wir uns aufs neue vor der Zitadelle – doch wir waren alle in Elektromenschen verwandelt worden!«

Otho stieß einen dumpfen Schrei aus.

»Dann hat man euch vor der Verwandlung alle betäubt!«

»Es ist wohl wahrscheinlicher«, meinte das Gehirn nachdenklich, »daß die Allus bei ihren Opfern eine künstliche Amnesie erzeugt haben. Diese sogenannten dunklen Meister müssen wirklich über gewaltige Geisteskräfte verfügen.«

Zarn schüttelte den Kopf.

»Ich weiß nicht, wie es gemacht wurde. Vielleicht wissen Thoryx und Querdel es. Die beiden sind die einzigen Kometenmenschen, denen es gestattet ist, nach Belieben in der Zitadelle der Allus ein und aus zu gehen.«

Mit düsterer Miene beendete Zarn seine Geschichte.

»Aber wir wissen jetzt, daß die Allus nicht nur fremd- sondern auch bösartig sind und etwas Dunkles, Übles vorhaben«, faßte er zusammen. »Sie haben Thoryx und Querdel und unsere anderen Herren angewiesen, den großen Elektromagneten zu bauen, der die Raumschiffe in den Kometen hineinsaugt. Er wird von einigen von Querdels Leuten bedient, mit Hilfe eines besonderen Spürgerätes, das Schiffe im Umkreis von mehreren Millionen Kilometern ausmachen kann.«

»Was wollen die Allus denn mit Schiffen und Geiseln von außen?« fragte das Gehirn.

Der Kometenmensch schüttelte den Kopf.

»Das weiß ich nicht. Keiner von uns weiß, was alles dahintersteckt. Aber wir sind überzeugt davon, daß es um einen raffinierten und üblen Plan geht.«

Die Future-Leute blickten einander an. Schließlich sprach das Gehirn aus, was alle dachten.

»Das ist also keine Gefahr, die von diesem Kometen ausgeht, sondern eine dunkle, drohende Macht aus einem anderen Kosmos, mit der wir es hier zu tun haben. Ich würde viel darum geben, zu wissen, wer die Allus sind – und was sie vorhaben.«

Das Gehirn dachte angestrengt nach.

»Ich bin sicher, Zarn, daß Curtis Newton und ich eine Methode entwickeln können, mit der wir euch zurückverwandeln könnten, nachdem wir uns hinlänglich damit beschäftigt haben. Aber vorher kann ich Ihnen nichts versprechen. Wir müssen Gelegenheit bekommen, Ihre Körper mit bestimmten Instrumenten zu untersuchen.«

»Ich werde Ihnen in der nächsten Schlafperiode alles hereinschmuggeln, was Sie benötigen«, versprach Zarn erregt. »Und ich werde auch Kontakt mit meinen Freunden aufnehmen.«

Das Gehirn nannte ihm eine Reihe von Geräten, die sie aus der beschlagnahmten *Comet* für ihr Vorhaben benötigen würden.

Plötzlich zuckte der Elektromensch erschreckt zusammen.

»Da kommt jemand!« rief Zarn erschreckt. »Wenn man mich bei Ihnen erwischt, dann platzt unser ganzer Plan!«

VI

Im Thronsaal

Versteinert vor Entsetzen starrte Curt Newton Joan Randall an. Joan war schöner denn je: Alles an ihr strahlte und leuchtete in unirdischem Glanz, doch Captain Future empfand bei ihrem Anblick nur Grauen. Wie betäubt trat er vor, ohne auf seine Wächter zu achten, und rief mit heiserer Stimme: »Joan! Mein Gott, was haben diese Teufel mit dir gemacht?«

»Curt, bleib, wo du bist!« rief sie warnend.

Doch es war schon zu spät. In seinem Eifer hatte Curt Newton bereits seine Arme nach ihr ausgestreckt. Seine Hand streifte ihre Schulter nur leicht – und er erhielt einen elektrischen Schlag. Er wich zurück.

»Versuch nicht, mich anzufassen, Curt. Das darfst du nicht!« sagte Joan Randall mit besorgtem Blick.

Hinter ihm bellte Khinkirs Stimme: »König Thoryx erwartet Sie, Gefangener. Weiter!«

Captain Future hörte ihn kaum.

»Joan, diese Teufel werden für das, was sie dir angetan haben, bezahlen!« sagte er wütend. »Ich werde ihre Stadt in Stücke reißen!«

»Aber Curt, ich *wollte* doch verwandelt werden!« rief Joan. »Ich wollte ein Kometenmensch werden.«

Er hatte geglaubt, daß ihn eigentlich nichts mehr schockieren konnte, aber das hier verschlug ihm die Sprache. Er starrte sie ungläubig an.

»Curt, die Kometenmenschen sind keine Teufel«, fuhr Joan in eindringlichem Ton fort. »Es ist ein nettes, freundliches Volk, das mit einem wunderbaren Volk übermenschlicher Wesen namens Allus im Bunde steht. Die Allus haben ihnen die Unsterblichkeit verliehen, und mir haben sie das gleiche Geschenk großzügig angeboten.

Stell dir das doch nur einmal vor, Curt! Ich bin praktisch unsterblich! Jetzt werde ich niemals alt werden und häßlich, ich kann immer und immer weiterleben. Ist es denn da so verwunderlich, daß ich ihr Angebot angenommen habe? Und wenn man dir auch gestatten sollte, dich ihnen anzuschließen, Curt, dann könnten wir beide für alle Zeiten hier leben!«

Khinkir fauchte: »Wenn du dich nicht sofort bewegst Gefangener, wirst du auf der Stelle vernichtet!«

»Bitte geh jetzt, Curt. Der König wartet schon«, sagte Joan bekümmert. »Und versuche bitte, deine Feindseligkeit gegenüber den Kometenmenschen abzulegen. Ich möchte, daß du auch siehst, wie großartig sie sind, und daß du dich ihnen anschließt, so wie ich es getan habe.«

Sie trat in die Reihe der Höflinge zurück, und Curt wurde weitergeführt. Er war benommen und nahm alles nur noch undeutlich wie im Traum wahr. Da hörte er, wie Khinkir ihn von der Seite anzischte: »Der König spricht mit Ihnen!«

Curts Blick klärte sich wieder, und er sah, daß er mit seinen Wächtern vor dem leuchtenden Thron stand. Er blickte zu dem Mann und der Frau empor, die dort saßen.

Thoryx, der Erbkönig der Kometenmenschen, war ein gutaussehender Mann. Aber Curt glaubte, eine gewisse Verweichlichung in den glatten Zügen des Königs und in seinem mißtrauischen Blick zu erkennen. Die Frau an seiner Seite hatte jedoch nichts Schwaches an sich. Die blonde Schönheit der Königin Lulain wurde durch das elektrische Leuchten und ihre knappe silbrige Kleidung aufs vorteilhafteste unterstrichen. Wie eine geschmeidige Raubkatze saß sie da und blickte Captain Future unverhohlen abschätzend an.

»Sie geben mir keine Antwort, Fremdling!« sagte Thoryx gerade. Er blickte Khinkir gereizt an. »Ich dachte, der Fremdling beherrschte unsere Sprache bereits.«

Curt antwortete ihm.

»Das tue ich auch«, sagte er mit drohendem Unterton.

»Mäßigen Sie Ihren Ton, Fremder!« fauchte ihn der König an. »Sie sind hier als Gefangener. Es kostet mich nur ein einziges Wort, dann sterben Sie noch auf der Stelle.«

Der Höfling, der neben dem Thron stand, beugte sich hastig zu dem zornigen König hinab. Es war ein älterer Mann von gebeugter Gestalt, mit grauem, schütteren Haar und einem faltigen Gesicht, aus dem heimtückische, wachsame Augen blickten.

»Der Fremde ist mit unseren Sitten nicht vertraut, Sir«, sagte er in beruhigendem Ton zu dem König. »Es wäre nicht klug, seinen Tod schon anzuordnen, bevor wir mehr über ihn und seine Gefährten in Erfahrung gebracht haben.«

»Also gut, Querdel«, sagte Thoryx gereizt. »Aber er soll mich nicht noch einmal so drohend anblicken. *Ich* bin der Herrscher dieser Welt – nach den Großen, natürlich.«

Die letzten Worte hatte er hastig hinzugefügt und sich dabei ängstlich im Thronsaal umgeblickt. Offenbar sprach er von den Allus.

Lulain blickte ihren Gemahl verächtlich an.

»Sollen wir uns den ganzen Tag damit aufhalten, diesen Gefangenen zu verhören?« fragte sie.

Thoryx wandte sich Captain Future zu.

»Warum haben Sie sich mit Ihren Begleitern diesem Planeten genähert?«

Inzwischen hatte Captain Future sich wieder voll im Griff. Er war zu klug, um nicht zu erkennen, daß er im Augenblick wohl gute Miene zum bösen Spiel machen mußte.

»Wir haben uns dem Kometen nicht aus freien Stücken genähert. Ihr habt unser Schiff mit eurem

Magnetstrahl angezogen, so wie ihr schon viele andere Schiffe unserer Welten gekapert habt.«

»Ja«, antwortete der alte Querdel mit listigem Blick. »Aber die anderen Schiffe haben versucht, dem Kometen auszuweichen, während Sie kühn geradewegs auf ihn zugeflogen sind. Warum?«

Captain Future sah keine Veranlassung, mit der Wahrheit hinterm Berg zu halten.

»Wir haben die anderen Schiffe gesucht«, erwiderte er. »Und jetzt wissen wir, daß ihr Kometenmenschen sie verschleppt habt. Aus welchem Grund? Die Menschen des Systems haben euch nie etwas getan.«

»*Wir* stellen hier die Fragen!« fauchte Thoryx wütend. »Die Gewaltigen haben uns den Befehl gegeben, so viele Schiffe wie möglich zu kapern. Wer seid ihr denn, daß ihr die Anweisungen der dunklen Meister in Zweifel ziehen wollt?«

»Wer sind die drei seltsamen Wesen, die Sie begleiten?« fragte Querdel. »Es sind keine Menschen.«

»Nein, Menschen sind sie nicht«, erwiderte Curt vorsichtig. »Aber in mancherlei Hinsicht sind sie mehr als nur menschlich.«

»Das habe ich mir gedacht«, brummte der alte Berater. Seine heimtückischen Augen verengten sich. »Fremder, ich glaube, daß Sie gefährlich sind!«

Curt war klar, daß es ihr ungewöhnliches Aussehen gewesen war, was dazu geführt hatte, daß die Kometenmenschen sich mehr als gewöhnlich für sie interessierten. Er spürte die Unruhe und Unsicherheit in Thoryx' Gehabe.

»Wir sollten besser alle vier vernichten, Querdel«, sagte der König nervös.

Der gerissene alte Berater, der offenbar der Kopf war, der hinter dem Thron wirkte, widersprach ihm.

»Euer Hoheit, wir sollten zuerst den Gewaltigen Bericht erstatten. Sie haben uns zwar befohlen, alle Gefangenen in unsere Reihen aufzunehmen, die dazu bereit sind, aber die hier sind anders als die anderen.«

Thoryx nickte unsicher.

»Dann setzen Sie sich auf die übliche Weise mit den Gewaltigen in Verbindung, Querdel. Khinkir, führen Sie diesen unbotmäßigen Gefangenen wieder zurück in seine Zelle!«

Captain Future drehte sich ohne jedes Zögern um, um den Saal zu verlassen. Er hoffte insgeheim, daß er noch einmal Gelegenheit bekommen würde, ein paar Worte mit Joan Randall zu wechseln, doch als er sich umblickte, mußte er feststellen, daß sie verschwunden war. Voller Sorge folgte Curt seinen Wächtern zurück ins Gefängnisgebäude.

Als sie sich seiner Zelle näherten, trat Zarn gerade hastig aus der Tür.

»Was haben Sie in der Zelle bei den Gefangenen gemacht?« fragte Khinkir.

»Die drei Fremden haben sich geprügelt, ich mußte eingreifen«, erklärte Zarn mit flackerndem Blick.

»Das hätte auch eine Finte gewesen sein können, um ihre Flucht zu ermöglichen«, fauchte Khinkir. »Betreten Sie ihre Zelle nicht noch einmal, denn diese vier Gefangenen sind sehr gefährlich. Und wo sind die Wächter? Ich hatte Ihnen doch befohlen, welche vor der Zelle zu postieren!«

»Ich wollte sie gerade holen gehen«, erwiderte Zarn hastig.

Als Curt in die Zelle trat, eilten die Future-Leute auf ihn zu. Otho war es, der als erster fragte, was sie alle bewegte:

»Hast du irgend etwas über Joan in Erfahrung bringen können?«

Curt Newton nickte langsam.

»Ich habe sie gesehen. Sie gehört jetzt auch zu den Kometenmenschen.«

Ungläubig starrten sie ihn an. Dann explodierte Otho.

»Diese Teufel! Dann haben sie sie dazu gezwungen, auch zu so einem elektrischen Monstrum zu werden!«

»Sie hat gesagt, daß sie es freiwillig getan habe«, berichtete Curt niedergeschlagen.

»Als ihr beide euch unterhalten habt, habt ihr da auf englisch miteinander geredet?« fragte das Gehirn scharfsinnig.

»Natürlich hat sie dir wahrscheinlich nichts vorgelogen«, stellte Simon Wright fest. »Deine Wächter konnten euch doch nicht verstehen.«

Zweifel nagte zermürbend an Curts Denken. Mit einer gewaltsamen Anstrengung riß er sich von den trüben Gedanken los.

»Es ist nicht an der Zeit an Joan zu zweifeln, sondern ihr zu helfen!« rief er. »Wir müssen sie irgendwie von ihrer schrecklichen elektrischen Existenz befreien.«

»Ja, das stimmt«, meinte Simon. Dann berichtete er ihm, was sie inzwischen erlebt hatten.

»Die Kometenmenschen wären bereit, sich gegen ihre Unterdrücker zu erheben«, schloß er seinen

Bericht »wenn sie nur davon überzeugt sein können, daß wir sie hinterher wieder in normale Menschen zurückverwandeln.«

Captain Future schritt unruhig in der Zelle auf und ab.

»Aber wie sollen wir nur rechtzeitig hinter dieses Geheimnis kommen?« fragte er erregt.

»Wenn Zarn uns nicht im Stich läßt, dann haben wir zumindest ein paar Instrumente für eine Voruntersuchung zur Verfügung«, sagte das Gehirn. »Er hat versprochen, uns bestimmte Geräte aus unserem Schiff zu beschaffen. Wenn möglich, dann will er es noch heute nacht tun.«

»Dann haben wir vielleicht doch eine Chance, auch wenn es ein ziemlich großes Risiko ist«, murmelte Curt. »Wann wird er kommen?«

»Kurz nach Anbruch der Schlafperiode, sofern alles klappt«, antwortete Simon. »Ich habe ihm beschrieben, selche elektrochemischen Geräte wir benötigen.«

Grag schnaubte mißmutig.

»Wahrscheinlich werden diese Wärter, die Khinkir ihn jetzt vor der Zelle postieren läßt, alles verderben.«

»Immer frohgemut und optimistisch, das ist unser guter alter Grag«, spottete Otho. »Warum verschaffst du dir nicht einen Posten als Spuk auf einem toten Planeten?«

Angespannt und erregt warteten sie auf den Anbruch der »Nacht«. Endlich hörten sie Schritte, die sich ihrer Zelle näherten. Dann riefen die Posten etwas, und Zarns Stimme antwortete ihnen.

VII

Verzweifeltes Forschen

Die Tür wurde geöffnet, und Zarn trat ein. Er trug einige Apparate, die er auf dem Zellenboden absetzte. Er war in Begleitung eines weiteren Kometenmenschen: ein großer, stämmiger Soldat, der die Future-Mannschaft kritisch musterte.

»Das ist Hauptmann Aggar, ein Freund von mir«, stellte Zarn ihn hastig vor. »Er gehört auch zu denjenigen von uns, die sich schon seit langem gegen unsere Unterdrücker auflehnen wollen.« Er wandte sich dem Gehirn zu. »Ich glaube, ich habe alles mitgebracht, was Sie brauchen. Es war gar nicht so einfach, die Sachen unbemerkt aus dem Schiff zu holen, aber ich habe dafür gesorgt, daß heute ›nacht‹ nur Männer zum Wachdienst eingeteilt wurden, die zu uns gehören.«

»Dann haben Sie mit Ihren Freunden bereits über einen möglichen Aufstand gesprochen?« fragte Captain Future.

Der Offizier nickte.

»Wir haben eine Untergrundorganisation aufgebaut, für alle Fälle. Ich habe mich mit ihren Führern in Verbindung gesetzt. Aggar gehört auch dazu. Sie wollen sich gegen unsere Unterdrücker Thoryx und Querdel auflehnen, aber nur, wenn sie die Gewißheit haben, daß wir danach wieder in normale Menschen zurückverwandelt werden können.«

»Könnt ihr das garantieren, Fremde?« fragte Aggar knapp. »Könnt ihr mit diesen Geräten das rückgängig machen, was die Allus mit uns getan haben?«

»Das kann ich erst sagen, wenn ich die Angelegenheit genauer untersucht habe«, erwiderte Curt offen. »Und meine Gefährten und ich hätten gerne Unterstützung von dem Mann in der Nachbarzelle – dem marsianischen Wissenschaftler Tiko Thrin. Können Sie ihn hierherbringen, Zarn? Und auch den Mann, der Ezra Gurney heißt?«

»Ja, das wird wohl gehen«, sagte Zarn und eilte aus der Zelle.

Wenige Minuten später kehrte er mit den beiden zurück. Der Marsianer war ein älterer kleiner Mann mit einem übergroßen roten Glatzkopf und kurzsichtigen Augen, die hinter dicken Brillengläsern hervorlugten.

Als sie jedoch Ezra Gurney erblickten, den alten Veteranen mit dem faltigen Gesicht und den blaßblauen Augen, stießen sie Freudenrufe aus.

»Ezra Gurney!« Captain Future schüttelte ihm erfreut die Hand. »Sie alter Raumtramp! Wenn es irgendwo im System Ärger gibt, dann sind Sie doch immer dabei!«

»Stimmt, und auf diesem verdammten Planeten habe ich genug davon aufgespürt!« erwiderte Ezra Gurney ernst. »Haben Sie Joan schon gesehen?«

Curts Miene verfinsterte sich.

»Ja. Sie ist zu den Kometenmenschen übergetreten.«

Ezra stieß einen Fluch aus. »Das darf doch wohl nicht wahr sein!«

»Das hat sie bestimmt nur aus irgendeinem Grund getan, den wir nicht kennen!« erwiderte Curt entschieden. »Davon bin ich überzeugt: Sie muß irgend etwas damit bezwecken!«

Aber noch während er das sagte, merkte er, wie der Zweifel in seinem Inneren nagte.

Auch Grag und Otho begrüßten Ezra Gurney erfreut, und selbst Oog und Eek erkannten ihn und watschelten auf ihn zu.

Zarn unterbrach sie. Er sah besorgt aus.

»Wir können jeden Moment erwischt werden!« warnte er. »Khinkir und die anderen Offiziere, die Thoryx treu ergeben sind, kommen oft zwischendurch in das Gefängnis, um herumzuschnüffeln.«

Curt erklärte Tiko Thrin eilig, was er vorhatte.

»Sie haben die Kometenmenschen einige Zeit beobachten können«, sagte er. »Was meinen Sie? Wird es möglich sein, sie wieder in normale Menschen zu verwandeln?«

Tiko Thrin wackelte nachdenklich mit dem Kopf.

»Wir können es nur versuchen. Es wird nicht leicht sein. Es ist durchaus möglich, daß die Allus uns naturwissenschaftlich und technologisch überlegen sind.«

Während das Gehirn zusammen mit Otho das kompakte Elektronenmikroskop, die Strahlensonde und die anderen Geräte aufstellte, wandte sich Curt an Zarn und Aggar, die gespannt zusahen.

»Wir brauchen Gewebeproben von Ihnen. Ohne die können wir Ihre veränderte Zellstruktur nicht untersuchen.«

Der große Aggar zog seelenruhig seinen Dolch und hielt ihn an seinen leuchtenden Unterarm.

»Wieviel?« grunzte er lakonisch.

Captain Future sagte es ihm, und der Hauptmann schnitt sich unbewegt ein kleines Stück Haut ab, das er dann unter das Elektronenmikroskop legte.

Curt und das Gehirn beugten sich über das Gerät. Es war eine Weiterentwicklung des alten Typs von Elektronenmikroskopen und vergrößerte beinahe unbegrenzt, indem es mittels Magnetkraft Strahlen von ungebundenen Elektronen bündelte, anstelle Lichtstrahlen mit Hilfe einer Linse zu bündeln.

Der Gewebestreifen schillerte leuchtend, obwohl seine Strahlkraft schon nachzulassen schien. Curt vergrößerte so weit, bis er eine einzelne Zelle im Okular hatte. Zusammen mit dem Gehirn, Otho und Tiko Thrin studierte er die extrem vergrößerte Zelle.

Als er sich wieder aufrichtete, schüttelte Tiko Thrin den Kopf.

»Ich fürchte, das ist zu hoch für mich«, gestand er. »Die gesamte Molekularstruktur der Zelle ist so verändert worden, daß sie kaum noch wiederzuerkennen ist. Ich habe keinerlei Vorstellung davon, wie die Allus das geschafft haben, oder wie wir das rückgängig machen können.«

»Verdammt! Diese Allus müssen entweder Götter oder Teufel sein, um so etwas zu schaffen!« fluchte Otho.

Das Gehirn hatte seine Augen auf Captain Future gerichtet.

»Nicht nur die Moleküre, auch die Atome, mein Junge!« sagte Simon.

Curt nickte und furchte dabei die Stirn.

»Ja, irgend etwas hat die Moleküle jeder einzelnen Zelle aufgebrochen, und zwar nicht nur in Atome, sondern sogar in subatomare Teilchen, die dann wieder zu einem völlig neuen Muster zusammengefügt wurden.«

Noch nie zuvor war Captain Future einem solchen geradezu unvorstellbaren Phänomen begegnet.

Curt wußte genau, daß von seiner Antwort das Schicksal eines ganzen Volkes abhing. Und das Schicksal von Joan Randall ebenfalls. Und doch konnte er nicht eindeutig mit »ja« antworten, so gern er das auch getan hätte.

»Ich bin überzeugt davon«, sagte er langsam, »daß man das wieder rückgängig machen kann, daß man wieder die alten Molekular- und Atomstrukturen Ihrer Zellen herstellen kann. Aber das wird nicht einfach sein!

Sehen Sie«, fuhr er fort, »die lebende Zelle ist normalerweise so etwas wie eine winzige elektrische Batterie, die durch chemische Reaktionen die elektrische Energie erzeugt, die wir Leben nennen. Aber die Allus haben in Ihren Zellen schwerwiegende und subtile Veränderungen herbeigeführt. Sie haben die Moleküre und Atome neu zusammengefügt, so daß jede Zelle nun einen winzigen ›Transformator‹ darstellt, der seine Energie ganz einfach der Komastrahlung entnimmt, die hier ja alles durchdringt.«

Zarn und Aggar schienen von Curts Wissen sehr beeindruckt zu sein.

»Dann versprechen Sie uns, uns alle wieder in normale Menschen zu verwandeln, wenn unsere Revolution Erfolg haben sollte?« fragten sie begeistert.

Captain Future beschloß, es zu riskieren.

»Ich verspreche Ihnen, daß ich es versuchen werde – bis in den Tod!«

Aggars Gesicht leuchtete hoffnungsfroh auf.

»Dann werden wir uns erheben!«

»Wie stark seid ihr?« fragte Curt. »Wie schnell könnt ihr euch organisieren und erheben?«

»Neunzig Prozent der Kometenmenschen hassen

unsere Unterdrücker«, erwiderte Aggar. »Aber es werden nicht alle von Anfang an mitmachen. Wir müssen uns vor allem auf unsere Geheimorganisation stützen. Wir zählen volle fünftausend Mann.«

»Und wie viele Kämpfer kann Thoryx aufbringen?« wollte Otho wissen.

»Ungefähr genausoviel«, gab Aggar zu. »Die Regimenter der Palastwachen sind ihm treu ergeben, weil sie von ihm begünstigt werden. Der Adel wird natürlich auch Thoryx unterstützen und nicht uns. Das gleiche gilt auch für einen Teil des gewöhnlichen Volkes, und zwar wegen der abergläubischen Furcht vor den Allus.«

»Und wie steht es mit Waffen?« fragte Curt. »Habt ihr genügend von diesen Elektrodenwaffen zur Verfügung?«

Aggar lachte.

»Die würden uns gegen Elektromenschen nicht viel nützen. Sie strahlen einen starken Stromstoß ab, der uns nicht das geringste anhaben kann. Die benutzen wir nur, um euch Gefangene damit in Schach zu halten.«

»Womit kämpft ihr denn dann gegeneinander?« fragte Otho.

»Die besten Waffen gegen Kometenmenschen sind Schwerter und Dolche«, antwortet Zarn. »Nur die Soldaten dürfen welche besitzen.«

»Wenn ihr uns Schwerter aus dielektrischem Material beschafft, dann werden wir Gefangene alle auf eurer Seite kämpfen«, sagte Curt sofort. »Sie wissen ja, daß wir die Kometenmenschen nicht berühren können, nicht einmal mit einem gewöhnlichen Schwert, wenn es aus leitendem Material ist, sonst erhalten wir einen lähmenden Elektroschock.«

»Aber *ich* kann sie anfassen!« dröhnte Grag laut. Als Beweis legte er Zarn seine schwere Metallhand auf die Schulter. »Ich habe nur in meinem Inneren Stahlitteile. Meine Außenhülle ist aus dielektrischem Material und leitet keinen Strom!«

»Der gute alte Grag!« sagte Ezra Gurney leise lachend. »Du wirst kein Schwert brauchen.«

»Hm, ja, endlich ist dein dämlicher Metallkadaver mal zu etwas gut!« sagte Otho abfällig.

»Wann können Sie und ihre Leute zuschlagen?« fragte Curt. »Was haben Sie für Pläne?«

»Es gibt nur einen möglichen Plan«, erwiderte Aggar.

»Wir müssen die Palastwachen im ersten Anlauf überrumpeln und sofort Thoryx, seine scharfzüngige Königin und die Edelleute gefangennehmen.«

»Vor allem müssen wir diesen alten Hexer Querdel sofort unschädlich machen«, warf Zarn besorgt ein. »Es heißt, daß er die Möglichkeit habe, mit den Allus direkten Kontakt aufzunehmen.«

Captain Future bemerkte, daß die beiden Soldaten wieder von dunkler Furcht befallen wurden, als der Name der Allus fiel. Doch Aggar ging schnell darüber hinweg.

»Die Allus sind bisher noch nie aus ihrer Zitadelle im Norden hervorgekommen, und das werden sie wohl auch diesmal nicht tun. Morgen bei ›Nachtanbruch‹ können wir bereit sein. Es ist das Fest des Blitzes, und Thoryx wird mit all seinen Edelleuten im Palast wie auf einer Präsentierplatte versammelt sein.«

Schnell wurde ein Plan geschmiedet. Aggar und Zarn sollten beim nächsten »Nachtanbruch« die

Rebellen um den Platz herum versammeln. Dann mußte Zarn die Gefangenen freilassen, und auf ein bestimmtes Signal würden alle gemeinsam zum Angriff übergehen.

»Noch etwas!« sagte Curt eindringlich. »Dem Mädchen von der Erde darf nichts geschehen! Auf keinen Fall!«

»Einverstanden. Und jetzt verschwinden wir besser«, erwiderte Zarn. »Wenn man uns entdeckt, dann war alles vergebens.«

Tiko Thrin und Ezra Gurney wurden wieder in ihre eigenen Zellen geführt, und die Tür wurde verriegelt.

Otho schritt aufgeregt auf und ab.

»Endlich gibt's was zu tun! Hauptsache, wir brauchen nicht in dieser Zelle hier zu verfaulen!«

Das Gehirn blickte Curt an.

»Es ist ein sehr gewagter Plan, mein Junge. Angenommen, die Allus schalten sich mental ein?«

»Genau das verstehe ich einfach nicht«, meinte Grag. »Dieses ganze Gerede von mentalen Kräften! Was in aller Welt soll denn das sein?«

Captain Future erklärte es ihm.

»Das Denken ist im Prinzip ein elektrischer Vorgang, genau wie das Leben selbst, Grag. Wenn ein Mensch etwas denkt oder einen Entschluß faßt, dann leiten die Synapsen seiner Hirnzellen seinen Nerven bestimmte elektrische Ströme zu, die seinem physischen Körper Energie zuführen, so daß er diesem Gedanken oder Wunsch gehorcht. Theoretisch müßte es möglich sein, daß ein Mensch seine elekrischen Gedanken oder Befehle ›ausstrahlt‹, und zwar als elektromagnetische Schwingungen, die das Gehirn und den Körper eines anderen erreichen und lenken könnten. Das nennt man Mentalkraft. Bisher hat kein Mensch mehr als nur einen winzigen Anteil davon gehabt, aber es sieht ganz danach aus, als ob die Allus das gemeistert hätten.«

*

Die Stunden der folgenden Tagesperiode vergingen nur zäh und langsam. Die Spannung wuchs immer mehr und machte Captain Future schwer zu schaffen. Noch nie hatte er mit einer derartigen Anspannung zu kämpfen gehabt.

Endlich brach die »Nacht« ein. Es wurde zwar nicht dunkler, aber die Massen draußen in den Straßen verschwanden nach und nach.

Curt, der durch das Fenster ins Freie spähte, sah, wie immer mehr sechsrädrige Fahrzeuge vor dem Palast vorfuhren. Die Edelleute strömten in das große Gebäude.

»Sie kommen zu dem Fest, das Aggar erwähnt hat«, brummte Curt. »Ich würde ganz gerne wissen, was es damit wohl auf sich haben mag.«

»Hört sich genauso verrückt an wie alles andere auf diesem verfluchten Planeten auch«, schnaubte Grag.

»Langsam sollte Zarn eigentlich mit den anderen hier eintreffen, um uns zu befreien«, sagte Captain Future und nagte an seiner Unterlippe. »Wenn er zu spät kommen sollte ...«

»Ich hör' ihn schon!« rief Otho freudig.

Draußen waren deutliche Schritte zu hören.

Kurz darauf wurde die Zellentür aufgerissen.

Zu ihrer Überraschung und Enttäuschung erblickten sie Khinkir, der mit einem halben Dutzend Palastwachen im Gang stand.

Sie hielten Elektrodenwaffen in den Händen, die sie entschlossen auf die Future-Mannschaft richteten.

»Kommt heraus!« sagte Khinkir barsch. »Das Urteil ist gefällt worden. Ihr seid uns zu gefährlich und müßt deshalb noch heute sterben.«

VIII

Das Fest des Blitzes

Diese Ankündigung wirkte wie ein Donnerschlag, der alle Hoffnungen zunichte machte. Captain Future konnte seine Enttäuschung nicht verbergen, und Khinkir bemerkte seinen Gesichtsausdruck. Er lächelte triumphierend.

»Jetzt wißt ihr endlich, was es bedeutet, euch gegen den König zu stellen und die Gewaltigen zu lästern, Fremde! Denn die Gewaltigen haben durch Querdel beschlossen, daß es sicherer ist, euch vier als eine mögliche Gefahr auf der Stelle zu vernichten.«

Er lächelt zynisch und fuhr fort: »Aber ihr werdet nicht ruhmlos sterben, Fremdlinge. Ihr sollt beim Fest des Blitzes sterben. Eure Vernichtung wird für unseren König und dem Hof ein höchst unterhaltendes Vergnügen sein.«

Curt Newton faßte den verzweifelten Entschluß, hier und jetzt die Entscheidung zu erzwingen, doch auch das las Khinkir seinem Gesichtsausdruck ab. Der Hauptmann wich zurück und bellte seinen Männern einen Befehl zu, worauf diese sofort ihre Elektrodenwaffen auf Captain Future richteten.

»Curt!« rief plötzlich eine silberhelle Stimme besorgt.

Joan Randall erschien draußen im Gang, und Khinkir drehte sich erschreckt nach ihr um. Auch die Wachen wurden einen Augenblick abglenkt. Das genügte Grag – sofort trat er in Aktion. Er langte nach vorn und packte Khinkir mit seinen gewaltigen Metallfäusten.

»Bringt sie um!« schrie der Hauptmann, doch sein Schrei erstickte, als Grag ihn immer fester umklammerte.

Mit wildem Geschrei richteten die Soldaten wieder ihre Waffen auf die Future-Mannschaft und eröffneten das Feuer. Doch Joan hatte sich schon zwischen die kämpfenden Parteien geworfen, so daß die Strahlen knapp ihr Ziel verfehlten.

Dabei wurde ihr leuchtender Körper von einem Strahl gestreift, und Curt stürzte auf die Soldaten zu. Er berührte einen der Männer – und wurde halb bewußtlos zurückgeworfen. Er taumelt wieder hoch und merkte undeutlich, wie das Getümmel um ihn herum immer heftiger zu werden schien.

Als der elektrische Schock endlich nachgelassen hatte, sah er, daß Zarn und Aggar inzwischen eingetroffen waren. Sie wurden von etwa zwanzig weiteren Elektromännern begleitet, die nun Khinkirs Wachsoldaten niedermachten. Noch während Curt nach vorne torkelte, stürzte der letzte Gegner zu Boden.

Khinkir selbst lag ebenfalls auf dem Boden – er war bewußtlos und ziemlich lädiert. Grag richtete sich grimmig wieder auf.

»Ich hab' dir doch gesagt, daß *ich* die anfassen kann!« dröhnte er.

Die Future-Leute waren alle unverletzt. Doch Curt

hatte nur Joan Randall im Sinn. Er stolperte auf sie zu.

»Joan, bist du in Ordnung? Dieser elektrische Strahl ...«

»Der konnte mir nichts anhaben«, erwiderte sie. »Einen Kometenmenschen schadet keinerlei Elektrizität.

Zarn stand neben Curt und begann, aufgeregt auf ihn einzureden.

»Wir dürfen keine Zeit verlieren! Wenn Khinkir nicht in den Palast zurückkehrt, wird man Alarm schlagen!«

»Lassen Sie Tiko Thrin, Ezra Gurney und alle anderen Gefangenen frei!« befahl Curt. »Haben Sie Schwerter für uns mitgebracht?«

»Ja, hier sind sie«, sagte Aggar und deutete auf ein Bündel langer grauer, säbelartiger Waffen. »Wir haben die Griffe aus dielektrischem Material anfertigen lassen.«

Joan sagte hastig: »Curt, ich hatte schon Angst, zu spät zu kommen. Sobald ich hörte, daß man eure Hinrichtung befohlen hatte, bin ich hergekommen, obwohl ich nicht genau wußte, was ich ausrichten konnte ...«

»Sag mir schnell eines, Joan!« unterbrach er sie. »Du hast dich doch den Kometenmenschen nicht wirklich aus freien Stücken angeschlossen, oder?«

»Aber nein, Curt«, erwiderte sie erregt. »Es hat mir fast das Herz zerrissen, als ich gestern im Thronsaal selbst dir gegenüber so tun mußte als ob.«

»Aber das wäre doch gar nicht nötig gewesen, oder?« fragte er verwirrt. »Wir haben uns doch auf englisch unterhalten, das verstehen die Kometenmenschen doch gar nicht!«

»Es waren noch andere Gefangene da, die zu Elektromenschen geworden sind«, erwiderte sie. »Wenn die uns belauscht und verraten hätten ...«

»Natürlich! Daß ich darauf nicht von selbst gekommen bin!« rief Captain Future. »Aber ich wußte auch so, daß es nicht die wirkliche Joan war, die da gesprochen hat.«

»Curt, ich habe nur so getan, als sei ich zu den Kometenmenschen übergetreten«, antwortete Joan. »Ich habe so getan, als sei ich fasziniert davon, unsterblich zu werden. Ich dachte mir, daß dies die einzige Möglichkeit wäre, hinter das Geheimnis dieses Kometen zu kommen.«

Sie trat mit geweiteten, gehetzt wirkenden Augen auf ihn zu.

»Curt, in diesen mysteriösen Gegebenheiten liegt eine Gefahr für unser Sonnensystem. Eine seltsame, noch gar nicht abschätzbare Bedrohung. Es ist keine *körperliche* Gefahr, davon bin ich überzeugt. Ich bin mir sicher, daß die Allus nicht so etwas Primitives wie einen physischen Angriff auf unser System planen. Aber irgend etwas haben sie vor, das ist gewiß! Alles, was sie die Kometenmenschen tun lassen, ist Teil der merkwürdigsten Dinge, irgendeines unverständlichen düsteren Plans.

Ich wollte herausfinden was dahintersteckt, um das System wenn nötig zu warnen. Also gab ich vor, auch ein Kometenmenschen werden zu wollen. Aber ich habe viel zuwenig herausgefunden! Als man mich zur Zitadelle der Allus brachte und mich zu einem Elektromenschen machte, hat man mein Gedächtnis hinterher ausgelöscht, so daß ich mich nicht mehr an die Allus erinnern kann. Und seitdem habe ich keinen einzigen Allus zu Gesicht bekommen. Ich weiß nur eines mit Bestimmtheit: Querdel, Thoryx und ein paar wenige andere sind die einzigen, die jemals wirklich Allus gesehen haben. Und selbst die haben eine Todesfurcht vor ihren dunklen Meistern.«

»Aber Joan, selbst wenn du irgend etwas herausbekommen hättest, wärst du doch nie entkommen, um das System zu warnen!« meinte Curt. »Jetzt, da dein Körper von der elektrischen Strahlung der Koma abhängig ist, kannst du den Kometen doch gar nicht verlassen!«

»Dessen war ich mir bewußt, Curt. Aber ich dachte, daß ich vielleicht mit einem Schiff hätte entkommen können. Irgendwann hätte man es dann gefunden und meine schriftliche Warnung bei mir entdeckt ... selbst wenn ich inzwischen bereits tot gewesen wäre«, antwortete sie einfach.

Curt Newton spürte einen Kloß im Hals angesichts des nüchternen sachlichen Heldenmuts des Mädchens. Er trat auf sie zu.

»Joan ...«

»Bleib wo du bist, Curt!« Ihre Warnung war ein Schluchzen. »Du kannst mich jetzt nicht berühren. Du wirst es nie wieder können. Ich bin ein Elektromensch!«

»Joan«, sagte Captain Future mit einer inneren Bewegtheit, wie er sie noch nie zuvor in seinem Leben verspürt hatte, »ich werde dich aus diesem schrecklichen Zustand befreien, und wenn es mich mein Leben kosten sollte! Dich und alle Elektromenschen, sobald unsere Revolution gesiegt hat!«

Mittlerweile waren auch die Gefangenen aus ihren

Zellen befreit worden. Tiko Thrin und Ezra Gurney hasteten auf Captain Future zu, gefolgt von den Besatzungen und Passagieren der verschollenen Raumer – Plutonier, Erdmenschen, Venusier und andere –, ein verwirrter bunter Haufen.

Zarn sagte warnend zu Curt Newton:

»Wir müssen sofort weg von hier. Das Fest des Blitzes wird inzwischen bereits begonnen haben. Unsere Leute warten!«

»Tiko Thrin, passen Sie auf Eek und Oog auf!« rief Grag.

»Joan, du bleibst auch hier bei Tiko«, sagte Curt in entschiedenem Ton zu dem Mädchen. »Nein, du kommst nicht mit uns! Wir kehren schon heil zurück keine Angst!«

»Seid vorsichtig, Curt!« rief sie.

»Vor Thoryx und seinen Wachen fürchte ich mich nicht. Sorgen macht mir dieser Teufel Querdel mit seinem Kontakt zu den Allus.«

Curt hatte eines der dielektrischen Schwerter ergriffen, und die anderen Gefangenen bewaffneten sich nun ebenfalls.

»Hier entlang!« grollte Aggars tiefe Stimme.

Der große Hauptmann führte sie durch die Gänge des Gefängnisgebäudes bis sie an einen anderen Ausgang kamen, der nicht auf den Platz vor dem Palast hinausführte.

»Eisteufel des Pluto!« sagte der alte Ezra Gurney, der neben Captain Future lief. »Das ist der merkwürdigste Haufen, mit dem ich je in den Kampf gezogen bin!«

Curt mußte daran denken, welch einen seltsamen Anblick ihre Schar einem Beobachter bieten mußte:

Die beiden leuchtenden Gestalten von Zarn und Aggar an der Spitze, er und Ezra unmittelbar dahinter, das Gehirn, das neben ihnen durch die Luft schwebte, dicht gefolgt von dem geschmeidigen Otho und dem gewaltigen Roboter Grag. Dahinter kamen dann die gerade befreiten Jupiteraner, Merkurianer und so weiter, mit finsteren kampflustigen Blicken, während der Schluß von den zwanzig Kometenmenschen gebildet wurde, die mit Zarn und Aggar in das Gefängnis eingedrungen waren.

Alle waren sie mit Schwertern bewaffnet, alle machten sie einen grimmig entschlossenen Eindruck, als sie aus dem Gebäude in eine schmale Seitenstraße hinter dem Gefängnis hinaustraten. Aggar führte sie weiter.

Die Stadt Mloon schien wie ausgestorben, und es begegnete ihnen niemand.

»Wir umrunden den Platz, damit wir von hinten in den Palast eindringen können«, erklärte Zarn Captain Future, während sie weitereilten. »Unsere Kameraden sollen hier auf uns treffen.«

Aus einer Seitenstraße der alabasternen Stadt strömte kurz darauf eine gewaltige Armee bewaffneter Kometenmenschen auf sie zu und schloß sich ihnen an. Während sie weitermarschierten, stießen aus zahllosen Seitenstraßen immer mehr Bundesgenossen zu ihnen, bis sie kurz darauf schon mehrere Hundert zählten.

»Die anderen werden inzwischen ebenfalls hierher unterwegs sein«, sagte Aggar, nachdem er das Signal zu Halten gegeben hatte. »Aber im Palast gibt es zweitausend Wachen, und es sind noch viel mehr abrufbereit in der Nähe.«

»Was haben Sie vor – wollen Sie die Eingänge erstürmen?« fragte Captain Future.

»Nein, die Wachen würden uns die Tore vor der Nase zuschlagen«, grunzte der große Kometenmensch.

Er drehte sich zu Zarn um.

»Ich dringe mit einer kleinen Gruppe durch einen der weniger benutzten Eingänge ein, den ich von meiner Zeit bei der Palastwache kenne. Wir werden versuchen, die Torposten lautlos unschädlich zu machen. Wenn Sie unser Signal hören, dann führen Sie den Haupttrupp hinein.«

»Ich komme natürlich mit Ihnen, Aggar«, erklärte Curt daraufhin. Die Future-Leute und Ezra Gurney schlossen sich hastig an.

Aggar lachte.

»Also gut. Der, den ihr Grag nennt, kann uns vielleicht gute Dienste erweisen.«

Aggar bestimmte schnell etwa zwanzig Kometenmenschen, die sie begleiten sollten. Dann führte er sie auf den Palast zu.

Wie ein von Menschenhand geschaffener Berg ragte das große weiße Gebäude aus Synthostein vor ihnen empor, als sie an seine rückwärtige Mauer kamen. Aggar führte sie zu einem schmalen Nebeneingang.

»Der ist für die Dienstboten«, murmelte er. »Es dürften eigentlich nur zwei Mann dort Wache stehen. Bleibt außer Sichtweite!«

Sie blieben wie befohlen stehen. Aggar zog sein Schwert aus der Scheide und schritt kühn auf den unscheinbaren Eingang zu. Plötzlich sprangen zwei Wachen mit gezückten Schwertern aus dem Eingang auf ihn zu.

»Was tun Sie hier, Hauptmann Aggar?« fragte einer von ihnen mißtrauisch. »Sie gehören doch nicht mehr zur Palastwache.«

»Ihr Narren! Habt Ihr etwa noch nicht gehört, daß Khinkir tot ist und daß ich sein Ersatzmann bin?« bellte Aggar.

Halb überzeugt und halb zweifelnd senkten die Wachen ihre Schwerter ein kleines Stück. Da sahen Curt und seine Gefährten ein beeindruckendes Stück Fechtkunst:

Aggar sprang plötzlich mit gezücktem Schwert vor und führte es wie einen Blitzstrahl. Er machte die beiden Wachen nieder, bevor sie ihre Münder zu einem Warnruf öffnen konnten.

»Heiße Sache«, meinte Aggar keuchend, als Curt mit den anderen auf ihn zugelaufen kam. Er furchte die Stirn. »Und vergeuden Sie nur kein Mitleid auf diese Palastwachen, Fremder. Sie sind schon seit langer langer Zeit die Machtinstrumente der Tyrannei Thoryx'. Ich habe selbst einmal zu ihnen gehört, bis ich diese Ungerechtigkeit nicht mehr aushalten konnte.«

Sie drängten sich nun in den Eingang und blickten einen Gang entlang, der zu einer Treppe führte.

»Hier hinauf«, sagte Aggar und eilte die Treppe empor.

»Wir haben nur noch sehr wenig Zeit!«

Da hörte Curt Newton, wie im Inneren des Palastes eine fremdartige, gedämpfte Musik erklang.

»Das ist das Fest des Blitzes«, grunzte Aggar. »Aber es hat noch nicht offiziell angefangen, sonst würden wir es schon hören.«

Sie gelangten auf eine lange Empore, die zu einem

wahren Labyrinth von Seitengängen und Hallen gehörte, die den gewaltigen Palast durchzogen. Alles war von üppigem Luxus geprägt, die alabasternen Wände waren mit wunderschönen roten und goldenen Behängen verziert, während der Boden mit weichen Seidenteppichen ausgelegt war.

Aggar gab einige knappe Befehle an die Kometenmenschen, die zu seinem Trupp gehörten. Sie sollten sich ihren Weg durch den Palast bahnen und die Posten an den Haupthintereingängen überwältigen.

»Danach gebt ihr das Signal. Zarn und die anderen werden in den Palast eindringen – und dann hängt alles von der Gnade der Götter ab!«

Er drehte sich zu Curt um.

»Der größte Teil der Palastwache hält sich immer in der Nähe des Königs auf. Sie werden im großen Hofsaal sein, um dem Fest beizuwohnen. Hier entlang!«

Sie liefen eilig durch die leeren luxuriösen Hallen. Offenbar waren alle Palastbewohner bei den geheimnisvollen Feierlichkeiten. Kurz darauf kamen sie auf eine hohe Empore, von der sie hinunter in einen großen Hof blicken konnten, der sich in einem der Seitenflügel befand.

Der Hof war kreisförmig und unbedacht. Er besaß einen Durchmesser von etwa siebzig Metern, und sein Boden war abwechselnd mit roten und weißen Steinblöcken ausgelegt, die einen sehr schönen Kontrast zu den alabasternen Wänden bildeten.

Mitten im Hof stand etwas, das einer eckigen Kupfersäule glich. Unweit davon stand ein breiter Doppelthron, auf dem König Thoryx und Königin Lulain saßen. Querdel stand, wie üblich, dicht neben dem König. Außerdem befanden sich Dutzende von Edelleute im Hof und blickten erwartungsvoll die Herrscher an.

Captain Future sah, daß der Rand des Hofs mit einem dichten Kordon von Palastwachen besetzt war. In einer Nische befanden sich Musikanten, die mit ihren Instrumenten die wilde, fieberhafte Musik erzeugten, die Curt schon zuvor vernommen hatte. Sie klang höchst fremdartig und erregend.

Die Future-Leute blickten staunend hinunter. Noch nie hatten sie auf all den fernen Welten, die sie schon besucht hatten, eine solche prachtvolle und unirdische Szene gesehen.

Thoryx hob gerade die Hand, und die Musik wurde zu einem gedämpften Unterton im Hintergrund. Die Stimme des Königs war im ganzen Hof deutlich zu hören.

»Das Fest des Blitzes möge beginnen!«

Lautlos wuchs die gedrungene Kupfersäule wie ein Teleskop, das ausgezogen wurde, nach oben. Sie stieg höher und höher, bis sie nur noch als dünner Stab zu erkennen war, der mehrere hundert Meter in den grellen Himmel emporragte.

»Sie fahren den Strahlungsstab aus«, sagte Aggar leise und mit angespannter Stimme. »Wenn wir Glück haben, wird der Festlärm den Krach unserer Männer an den Toren übertönen.«

Das Gehirn schwebte dicht neben Curts rechtes Ohr.

»Dieser Stab ist dafür kontruiert, vermehrte elektrische Strahlung aus der Koma aufzunehmen!« flüsterte Simon. »Könnte es sein, daß ...«

Doch er beendete seinen Satz nicht. Die kupferne Stange war inzwischen in unglaubliche Höhe über den Palast ausgefahren worden. Als sie die elektrische Energie der riesigen Koma anzog, wurde sie plötzlich von einer purpurnen, pinselspitzenartigen Flamme umhüllt, die von Sekunde zu Sekunde greller wurde. Plötzlich zuckte ein schmaler Blitzstrahl von oben herab. Eine Sekunde lang waren Curts Augen geblendet, und der darauf folgende Donnerschlag betäubte seine Ohren.

Doch er hatte noch mit ansehen können, wen der Blitzstrahl getroffen hatte – Thoryx, der König hatte ihn aufgenommen und ließ seinen Körper von dem grellen Licht überfluten.

Als Curt wieder klar sehen konnte, erblickte er Thoryx, der erregt und schallend lachte. Und nun zuckten andauernd Blitze herab und das Donnergrollen wollte kein Ende mehr nehmen. Die Blitze trafen die Edelleute, die zum Willkommensgruß ihre Arme erhoben, um sie aufzunehmen, und wie im Rausch lachten, wenn sie getroffen wurden.

Es war eine wahnwitzige, unglaubliche Phantasmagorie, die sich da vor ihren Augen abspielte, wie ein lichtüberflutetes Hexenfest.

»Das ist das Fest des Blitzes!« rief Aggar den Future-Leuten zu. »Elektrische Energie ist Nahrung, bedeutet für uns Elektromenschen das Leben. Selbst die konzentrierte Energie eines Blitzes kann uns nichts anhaben, sie dient lediglich dazu, uns zu stimulieren und zu berauschen.«

IX

Ein dunkler Triumph

Plötzlich bemerkten sie hinter sich einen Trupp bewaffneter Elektromänner, die auf die Empore gelaufen kamen. Es war Zarn mit seinen mehreren hundert Gefolgsleuten.

»Unsere Männer sind im Palast!« rief Zarn so laut er konnte, um das Getöse zu übertönen. »Ich habe ihnen befohlen, sich im Gebäude zu verteilen und den Hof zu umzingeln.«

»Gut. Wenn sie alle an Ort und Stelle sind, dann gebe ich das Angriffssignal!« rief Aggar.

»Zu spät – blickt mal nach unten!« schrie Otho plötzlich.

Einer der Männer von der Palastwache, ein unbewaffneter, verwundeter Kometenmensch, hatte sich in das Getümmel im Hof geworfen und brüllte etwas mit erstickter Stimme.

»Das ist einer der Torposten! Er muß entkommen sein!« rief Aggar. »Wir dürfen nicht länger warten! Runter, Männer! Laßt keinen der Höflinge entkommen!«

Die Männer antworteten mit haßerfüllten Schreien. Mit glitzernden Schwertern liefen sie hinter Aggar und den Future-Leuten die Treppe hinunter.

Zarn rief Captain Future warnend zu:

»Ihr Fremden dürft nicht in den Hof! Die Blitze würden euch umbringen!«

»So ein paar Blitzchen werden *uns* doch nicht abhalten!« rief Curt Newton.

Im Hof herrschte das totale Chaos: Aus einem Dutzend verschiedener Eingänge stürzten die Rebellen herein und griffen die Palastwachen an. Schwerter funkelten, Männer stürzten tot zu Boden, und das Inferno aus Blitzen und Donnergrollen wollte kein Ende nehmen.

Curt erblickte Thoryx, der starr vor Überraschung vor seinem Thron stand. Der schlaue alte Querdel hatte die Situation hingegen bereits voll erfaßt und rief den Gardesoldaten schrille Befehle zu.

Captain Future stürzte sich mit seinen Gefährten in das Kampfgetümmel. Eine der Wachen stellte sich ihm in den Weg, eine leuchtende Gestalt mit einem gefährlichen Schwert.

Captain Future parierte den ersten Stoß, dann stach er blitzschnell zu und durchbohrte den Hals seines Gegners. Der Soldat brach sterbend zusammen. Wenn sie verwundet wurden, starben die Kometenmenschen genauso schnell wie gewöhnliche Sterbliche, auch wenn sie sonst vor Alter und Krankheit verschont bleiben mochten.

»Holt euch den König und Querdel!« brüllte Aggar so laut er konnte.

»Alle Marsdämonen, was für ein wahnsinniger Kampf!« rief Otho keuchend. Rasch wehrte er mit seiner Klinge einen Stoß ab, der Curts Rücken gegolten hatte. »*Den* hätten wir wenigstens!«

Das Gehirn schwebte kaltblütig über dem Kampfgewühl und rief Curt und den anderen Warnungen zu, um sie vor den sich verzweifelt wehrenden Palastwachen zu schützen.

An allen Seiten wurden die Verteidiger zurückgeworfen. Die Rebellen wollten sich unbedingt bis zu dem Tyrannen vorarbeiten, und der Ring um den Thron schloß sich immer enger.

Immer wieder von den niederzuckenden Blitzen geblendet, kämpfte Captain Future verbissen weiter. Die Blitze schlugen unaufhörlich in die Elektromänner ein, konnten ihnen aber nichts anhaben. Das grelle Leuchten und das Getöse verliehen der Szene eine gespenstische Atmosphäre.

Doch der Ring um Thoryx und Lulain hielt trotz des heftigen Ansturms stand. Der schlaue Querdel feuerte die Wachen ununterbrochen an.

»Wir müssen sie erledigen bevor die Verstärkung aus den Barracken eintrifft!« rief Aggar den Rebellen zu. »Denkt daran, wofür ihr kämpft, Männer! Für die Freiheit, für das Ende der Tyrannei, für ein Leben als normale Menschen!«

Und in diesem Augenblick, wo die Schlacht durch den verzweifelten Widerstand der Palastwache unentschieden stand, war es Grag der den Ausschlag gab.

Wie ein monströser metallener Dämon wälzte sich der unverwundbare Roboter vor. Mit wirbelnden Armen warf er einen Wachsoldaten nach dem andern zur Seite. Vergeblich versuchten die Verteidiger, ihn mit ihren Schwertern zu durchbohren. Wie lästige Insekten schüttelte er seine Angreifer ab und bahnte sich seinen Weg durch die wogenden Körper, ein unerschütterlicher, rächender Riese.

»Komm doch, Otho! Was hält dich denn auf?« dröhnte seine Stimme durch das Getöse.

»Grag hat den Ring durchbrochen! Reißt sie auseinander und macht sie nieder!« schrie Curt.

Die Angreifer stürzten durch die Bresche vor. Da berührte ein Schwert Curt am rechten Arm. Der elektrische Schlag ließ ihn taumeln, und er hatte Mühe, auf den Beinen zu bleiben. Mit übermenschlicher Anstrengung gelang es ihm schließlich, sein Schwert mit der Linken zu packen und den Gegner niederzustrecken. Neben ihm stieß Otho seinen zischenden, furchteinflößenden Schlachtruf aus, während er mit unglaublicher Geschmeidigkeit immer wieder blitzschnell zustieß. Hinter ihnen ertönte Ezra Gurneys schriller, jubelnder Ruf, während Aggar mit einer wahren Stentorstimme über das Getöse hinweg seine Befehle brüllte.

Wie eine Kampfmaschine veranstaltete Grag, dessen Metallhülle im Licht der Blitze funkelte, eine Orgie der Verwüstung. Seine gewaltigen Arme machten alles nieder, was sich ihm in den Weg stellte, und so war es kein Wunder, daß die Wachen schon bald vor ihm auseinanderstoben, da sie ihm mit ihren Schwertern nichts anhaben konnten.

»Sie geben nach! Wir reiben sie auf! Schlagt euch durch, bis ihr Thoryx habt!« bellte Aggar. »Holt euch den Tyrannen!«

»Wir haben gesiegt!« schrie Zarn Curt zu, als sie im Gewühl kurze Zeit nebeneinanderstanden. »Sehen Sie – sie versuchen zu fliehen! Wir haben der Tyrannei für immer ein Ende gesetzt!«

»Curtis!« klang die dünne, besorgte Stimme des Gehirns neben ihnen auf. »Curtis, hör mal ...«

Doch zum Zuhören blieb keine Zeit. Captain Future wechselte gerade tödliche Hiebe mit einem kampfwütigen Palastsoldaten, der es auf selbstmörderische Weise darauf abgesehen zu haben schien, Curt Newton um jeden Preis zu töten.

Curt erblickte einen Deckungsfehler und wollte eben den letzten Stoß führen, als ein greller Blitz in den Kometenmenschen einschlug und Captain Future zurückwarf.

Als habe er neue Kraft geschöpft, sprang sein Gegner ihn an. Curt stolperte über einen Gefallenen, reckte noch im Fallen verzweifelt sein dielektrisches Schwert empor – und der Soldat spießte sich buchstäblich selbst darauf auf.

»Feine Fechtarbeit, Captain Future!« rief Ezra Gurney. Das faltige Gesicht des alten Veteranen leuchtete vor blutlüsterner Erregtheit. »Wir haben sie erledigt ... sie laufen davon wie die Hasen!«

Curt blickte sich um und sah, daß das stimmte. Die verbliebenen Wachen wurden mühelos niedergemetzelt. Inzwischen machten sich Aggars Rebellen bereits daran, auch die nun schutzlosen Edelleute mit wilder Wut abzustechen.

Aggar bellte erneut Befehle an seine Männer, damit sie den Ring der Adligen durchstießen und sich den König holten, der mit furchtverzerrtem Gesicht in ihrer Mitte kauerte.

»Tötet den Tyrannen!« brüllte Zarn. »Denkt an das, wofür ihr kämft, Männer!«

»Curtis, hör jetzt zu!«

Die Stimme des Gehirns klang diesmal so eindringlich, daß Captain Future sich zu ihm umdrehte.

Tanzende Flammen spiegelten sich in den gläsernen Linsen von Simons Augen wider, wie er dicht neben Curts Schulter schwebte.

»Curtis, der Mann, den du mir beschrieben hast, dieser Querdel! Er ist dabei, zu fliehen! Ich habe gerade gesehen, wie er sich zurückziehen wollte – ja, da läuft er auch schon!«

Captain Future blickte wild um sich und erkannte

schließlich den fliehenden Höfling. Querdel hastete gerade aus dem Hof in einen Gang, der ins Innere des Palastes führte.

Das konnte gefährlich werden, denn nach Zarns Aussage hatte Querdel die Möglichkeit, direkten Kontakt mit den Allus aufzunehmen. Wollte er *deshalb* fliehen? Captain Future wußte, daß er kein Risiko eingehen durfte. Er stürzte über den Hof, um hinter dem alten Hexer herzulaufen.

Es dauerte eine Weile, bis er sich seinen Weg durch das Getümmel gebahnt hatte, doch schließlich hatte er es geschafft, und so rannte er, von dem schwebenden Gehirn begleitet, den Gang entlang, bis sie an eine kleine Kammer gerieten. Curt stürzte hinein und erblickte eine Art primitives Labor. An den Wänden standen seltsame elektrische Instrumente aufgereiht.

Doch Captain Future wandte seinen Blick sofort auf die Mitte des Raumes. Dort stand die leuchtende Gestalt Querdels vor einem geheimnisvollen Gegenstand, den er unentwegt anstarrte.

Das Ding bestand aus einer großen, mattschwarzen Kugel von etwa drei Metern Durchmesser, die auf einem dreibeinigen Metallständer ruhte. Ihre tiefschwarze Oberfläche war von einem wabernden Metallfilm bedeckt, deren schimmernde Substanz ständig ihr Muster veränderte.

Querdel stand völlig unbeweglich und still vor diesem seltsamen Gerät, blickte es aber mit einer unglaublichen Intensität an, die Bände sprach.

»Er *denkt* in das Ding hinein!« rief Curt. »Es ist irgendeine Art von mentalem Sendegerät, mit dem er Kontakt zu den Allus aufnehmen kann ...«

Captain Future sprang mit gezücktem Schwert vor,

um Querdel an seinem Tun zu hindern, er ahnte die schreckliche Gefahr, die von ihm ausging.

Doch da begann die Kugel sich plötzlich mit unvorstellbarer Geschwindigkeit zu drehen, und sie strahlte ein pulsierendes schwarzes Licht aus. Als Querdel es bemerkte, flackerten seine Augen triumphierend auf.

»Vorsicht, Curtis!« ertönte der dünne Schrei des Gehirns. »Er hat bereits Kontakt mit den Allus aufgenommen. Das ist ein Kraftstrahl ...«

Doch die Warnung kam zu spät. Noch während er zuhörte, spürte Curt, wie eine pulsierende Woge der Dunkelheit ihn überflutete. Wie angewurzelt stand er plötzlich da. Noch nie hatte er einen Mentalangriff von solcher Wucht erlebt. Scharfe geistige Befehle fremder Wesen drangen in sein Gehirn – Befehle einer derart machtvollen fremdartigen Kollektivintelligenz, daß Captain Future spürte, wie seine geistigen Widerstände zusammenbrachen.

Plötzlich erkannte er blitzartig, was mit ihm geschah. Er merkte, daß es nicht mehr das elektrische Geistesmonster seines eigenen Gehirns war, das seinen Körper regierte. Der Wille wesentlich stärkerer, überlegenerer Geister hatte sich seines Gehirns und seines Körpers bemächtigt – abgestrahlt und in ihn eingedrungen als elektromagnetische Welle.

»Ich darf mich nicht gegen Thoryx und Querdel stellen und auch nicht gegen ihren Wachen. Ich muß mich ihnen unterwerfen.«

So lautete der Befehl des fremden Willens, der von der schwarzen Kugel ausgestrahlt wurde. Curt versuchte mit aller Gewalt, diesen hypnotischen Zwang abzuschütteln, doch es gelang ihm nicht. Er war wie ein Kind in der Hand eines Riesen – völlig hilflos, und er erkannte, daß die von Querdel zu Hilfe gerufenen Allus wirklich äußerst mächtig waren.

Und doch konnte er mit übermenschlicher Anstrengung noch die Lippen öffnen und den Future-Leuten, die gerade in den Raum stürzten, keuchend zurufen: »Grag! Otho! Weg von hier! Rettet Joan und ... und ...«

Er brachte den Satz nicht mehr zu Ende, sein Denken schien zu bersten. Curt torkelte zur Seite und sah noch, wie Querdel triumphierend grinste und die dunkle Welle durch die Gänge in den Palast pulsierte.

Dann brach sein letzter Widerstand zusammen, und er sank in eine Bewußtlosigkeit völliger Bejahung und Unterwerfung.

X

Die Geheimnisvolle Straße

Otho hatte wie ein Berserker im Festhof gekämpft und erheblich dazu beigetragen, daß der Widerstand der Wachen gebrochen wurde. Da erblickte der Androide plötzlich Captain Future und das Gehirn, die hinter Querdel in einem Gang verschwanden. Sofort riß er sich los und lief ihnen nach. Selbst in der Kampfbegeisterung, die ihn bei jedem Gemenge überfiel, galt seine höchste Aufmerksamkeit seinem Chef, dem er treu ergeben war. Während er hinter den beiden herlief, brüllte er Grag zu:

»Kommt mit, Grag! Der Chef braucht uns!«

Grag rannte scheppernd hinter ihm her und stieß dabei jeden unglückseligen Kometenmenschen beiseite, der ihm in den Weg geriet. Kurz darauf drangen sie auch schon in das Labor ein und blieben wie angewurzelt stehen.

Ausgehend von der großen schwarzen Kugel in der Mitte des Raumes, hatte eine schwarze, undeutlich wahrnehmbare Welle Captain Future und Simon Wright umhüllt. Sie hatte auch Querdel ergriffen, doch dessen Gesicht spiegelte nur hämischen Triumph wider.

Curts Gesicht bot jedoch einen solch erschreckenden Anblick, wie Otho ihn noch nie zuvor bei ihm erlebt hatte. Sein Blick zeigte, welche Anstrengungen es ihn kosten mußte, als er keuchte:

»Grag! Otho. Weg von hier! Rettet Joan und ... und ...«

Curt beendete seinen Satz nicht. Grag und Otho sahen, wie der entsetzte Ausdruck auf seinem Gesicht plötzlich verschwand und seine Züge starr und ausdruckslos wie eine Maske wurden. Jetzt stand Curt steif wie ein Denkmal da und starrte wie versteinert ins Nichts. Auch das Gehirn schwebte bewegungslos und schweigend in der Luft.

Otho stürzte sich tollkühn in die dunkle Welle hinein. Er packte Captain Futures Arm und schüttelte ihn heftig.

»Chef, was ist los?« fragte er. »Wach auf!«

Dann spürte auch er, wie eine fremde Macht versuchte, ihm ihren Willen aufzuzwingen.

Doch sowohl dem Androiden wie auch Grag gelang es, dem mentalen Angriff zu widerstehen! Sie hielten stand und versuchten verzweifelt, Curt und das Gehirn aus ihrem seltsamen Stupor zu reißen.

»Otho!« schrie Grag plötzlich. »Der alte Teufel, der das verursacht hat, ist geflohen!«

Der Androide wirbelte wütend herum. Es stimmte: Querdel hatte es ausgenutzt, daß sie einen Augenblick lang abgelenkt gewesen waren, und war aus dem Raum geschlüpft. Die beiden eilten hinter ihm her durch den Gang. Inzwischen hatte die fremdartige schwarze Schwingung den ganzen Palast durchzogen. Als sie auf den Hof kamen, erblickten sie die zuvor noch verbissen miteinander kämpfenden Kometenmenschen: die Rebellen hatten ihre Waffen fallengelassen und standen wie geistlose Automaten im Hof herum. Doch die Palastwachen und die Edelleute waren vom Einfluß der Welle unberührt geblieben. Sie waren gerade damit beschäftigt, die wehrlosen Rebellen festzusetzen. Thoryx bellte wütend seine Befehle.

»Nehmt jeden Rebellen fest! Und vergeßt die Anführer nicht!« rief er schrill und rachsüchtig. »Wir werden dem Volk schon noch beibringen, was es heißt, sich gegen uns zu stellen, gegen die Auserwählten der Allus!«

Querdel war auf ihn zugelaufen und zeigte nun erschreckt auf Grag und Otho.

»Das sind zwei der fremden Rädelsführer!«

Von allen Seiten sprangen die Wachen auf die beiden zu. Mit einem wahren Stiergebrüll stellte Grag sich ihnen in den Weg und schleuderte sie beiseite.

Ein Schreckensschrei erscholl:

»Die Macht der Allus hat sie nicht überwältigt! Das müssen Teufel sein!«

»Es sind doch nur zwei gegen mehrere hundert!« brüllte Thoryx. »Nehmt die elektrischen Strahler und verbrennt sie!«

Grag blickte Otho ratlos an. »Was sollen wir jetzt tun?« fragte er dröhnend. »Am besten, wir holen den Chef und Simon und verschwinden!«

Otho wirbelte herum und schätzte die Lage ab. Sie waren von Elektromenschen umringt, die ihnen den Weg zum Labor abschnitten.

»Wir kommen jetzt da nicht durch!« rief Otho mit seiner zischenden Stimme. »Und der Chef hat uns gesagt, wir sollten Joan fortbringen. Das müssen wir zuerst tun, danach kommen wir wieder. Komm Grag – hier entlang!«

Otho hatte den einzigen Fluchtweg erspäht: Ein Seiteneingang zum Hof, der noch nicht von den Wachen abgeriegelt worden war. Die beiden mußten sich selbst um jeden Preis retten, sonst waren Curt und Simon endgültig verloren. Zusammen mit Grag stürzte er auf den Ausgang zu.

»Ihnen nach!« brüllte Thoryx so laut er konnte, um das immer noch tobende Donnergrollen zu übertönen. »Sie wollen fliehen!«

Grag und Otho jagten den Gang entlang.

»Warte, ich kann sie aufhalten!« dröhnte Grag, der etwas langsamer lief als Otho, und blieb mitten im Gang stehen.

Grag hatte eines der metallenen Gittertore erspäht, mit denen die Gänge abgeriegelt werden konnten. Er schloß es hastig. Anstatt es jedoch zu verriegeln, riß er eine der Metallstreben aus dem Gitter und wickelte sie mühelos um die beiden Torflügel, als sei sie ein weiches Tau.

»Das wird sie ein Weilchen beschäftigen«, dröhnte er triumphierend.

Sie hörten, wie der ganze Palast um sie herum in

Aufruhr geriet. Und alles wurde von dem schwarzen Strahl überflutet. Als sie ins Freie kamen, stellten sie fest, daß sie sich am hinteren Teil des riesigen Palastes befanden.

»Komm schon!« drängte der Androide. »Wenn wir ins Gefängnis eindringen, Joan holen und zur *Comet* gelangen können, dann ...«

Doch als sie sahen, was sich auf dem Platz vor dem Palast abspielte, blieben sie stehen. Auf der einen Seite rannten ganze Kompanien von Gardesoldaten auf den Palast zu, während auf der anderen Seite des großen Platzes weitere Wachen in das Gefängnisgebäude strömten.

»Jetzt können wir weder ins Gefängnis eindringen noch zur *Comet!*« rief Grag. »Da bleibt uns nur noch der Dschungel!«

Instinktiv rannten sie so schnell sie konnten durch die engen Straßen, fort vom Palast und dem Platz. In der schlafenden Stadt begegneten sie nur wenigen Kometenmenschen, und die wichen erschreckt zurück, als sie das seltsame Duo erblickten. Da die Stadt relativ klein war, hatten sie schon bald den grünen Urwald vor sich.

Die Stadt war von keinem Gürtel bebauten Landes umgeben, wie das normalerweise der Fall war. Die Elektromenschen benötigten weder Lebensmittel noch Ackerbau, und so begann der Dschungel nur wenige hundert Meter von dem unmittelbaren Stadtrand. Otho und Grag drangen ohne zu Zögern in den Wald ein. Sie fanden sich inmitten von hochgewachsenen, merkwürdigen Bäumen wieder, deren Stämme genauso grün waren wie ihre seltsam geometrisch geformten Blätter. Zwischen diesen Bäumen befand sich dichtes Unterholz.

Im Dschungel herrschte ein leuchtendes grünes Licht vor, von dem Otho zunächst annahm, daß es von dem Blattwerk herrühren mußte, das die Strahlung der Koma nur gefiltert durchließ. Doch dann stellte er fest, daß ein Teil der Pflanzen und Bäume selbst Licht ausstrahlte. Sowohl die Stämme als auch die Äste und Blätter schimmerten grünlich.

»So, das reicht«, sagte Otho schließlich und blieb stehen. »Wir dürfen uns nicht zu weit von der Stadt entfernen, wenn wir wieder zurückwollen, um dem Chef, Simon und Joan zu helfen.«

In seiner Stimme klang Enttäuschung mit.

»Alle Raumgötter, wie konnte alles plötzlich nur so schiefgehen?«

»Das lag nur an diesem alten Teufel Querdel, der die Allus gerufen hat!« sagte Grag und ballte seine metallenen Hände zu Fäusten.

»Ja, diese Kugel ist sowohl ein Sender als auch ein Empfänger«, brummte Otho. »Und damit haben diese Allus sämtliche Rebellen im Palast hypnotisch lahmgelegt.«

»Ja, aber warum hat *uns* das dann nicht geschadet?« fragte Grag. »Wir haben die Strahlung zwar gespürt, aber überwältigt hat sie uns nicht.«

»Die anderen sind alle Menschen!« erklärte Otho. »Selbst Simon besitzt ja nur ein gewöhnliches menschliches Gehirn. Offenbar wußten die Allus ganz genau, wie sie gegen menschliche Gehirne vorgehen mußten. Aber wir beide sind künstliche Wesen, und deshalb hat die Waffe der Allus in unserem Fall auch versagt. Mit so etwas wie uns haben sie nämlich noch nie zu tun gehabt!«

»Und was machen wir jetzt?« fragte Grag pragmatisch.

Otho schüttelte mit finsterer Miene den Kopf.

»Das weiß ich auch noch nicht.«

Er warf sich ins Gras und lehnte sich mit dem Rükken gegen einen Baumstamm. Doch sofort sprang er mit einem lauten Schrei wieder auf.

»Was hast du vor? Willst du aller Welt verkünden, wo wir uns befinden?« fragte Grag vorwurfsvoll.

»Wenn du diesen Baum angefaßt hättest, dann hättest du auch losgebrüllt!« erwiderte Otho. »Ich habe einen ganz schönen elektrischen Schlag davon bekommen. Offenbar ernähren sich auch diese Pflanzen von der elektrischen Strahlung der Koma. Damit führen sie wohl ihre Photosynthese durch. Deshalb ...«

Grag unterbrach ihn mit einer Handbewegung.

»Still, da kommt jemand!«

Otho erstarrte auf der Stelle. Sie standen mitten auf einer Lichtung und lauschten. Dann nahm auch Otho das leise Rascheln wahr.

»Das sind Kometenmenschen, die hinter uns her sind?« flüsterte er zischend. »Thoryx' Wachen müssen unsere Spur entdeckt haben. Und wir sind völlig unbewaffnet ...«

Die Geräusche näherten sich von der Stadt her. Otho und Grag bereiteten sich gefaßt auf einen hoffnungslosen Kampf vor.

Da brach eine kleine graue Gestalt durch das Unterholz und rannte erfreut auf Grag zu.

»Das ist ja Eek!« sagte der Roboter froh.

Kurz darauf erschien auch Oogs fette, teigige Gestalt und watschelte freudig auf Otho zu, um ihn zu begrüßen.

»Wie haben die uns nur hier aufgespürt?« fragte

Otho erstaunt. »Wir haben sie doch bei Tiko Thrin und Joan im Gefängnis gelassen.«

»Wahrscheinlich haben Thoryx' Leute Tiko und Joan genauso gefangengenommen wie alle anderen Rebellen«, meinte Grag. »Das hat Eek erschreckt. Da hat er sich wohl auf die Suche nach mir gemacht. Mit seinem telepathischen Gespür war das nicht schwer für ihn, und Oog ist ihm einfach nachgelaufen.«

Nun beratschlagten die beiden Gefährten Captain Futures, was zu tun sei. Sie beschlossen, den Dschungel zu umrunden, um sich an der anderen Seite der Stadt zu verstecken, bis es wieder »Nacht« wurde. Dann wollten sie sich daranwagen, wieder in die Stadt Mloon einzudringen, um Curt und die anderen zu befreien.

So machten sich die beiden mit ihren Maskottchen auf den Weg. Grag, der vorausging, blieb nach einer Weile plötzlich stehen und machte eine warnende Geste. Otho eilte sofort an seine Seite. Vor ihnen im Dschungel sahen sie eine Bresche. Es war ein schmaler Streifen, eine weiße Straße aus Synthostein. Offenbar handelte es sich dabei um eine Schnellstraße, die in Mloon begann und direkt durch den Urwald in Richtung Norden führte.

»Diese Straße ist mir noch nicht aufgefallen«, erklärte Grag. »Die Kometenmenschen haben auch nie etwas von anderen Städten erzählt – was glaubst du, wohin sie führt?«

»Nach Norden, und das bedeutet zu der Zitadelle der verfluchten Allus!« äußerte Otho seine Vermutung. »Komm, wir überqueren sie und gehen wieder in Deckung.«

In diesem Augenblick hörten sie ein summendes

Geräusch, das schnell immer lauter wurde. Es kam aus südlicher Richtung. Grag und Otho versteckten sich hastig wieder im Unterholz.

Da sahen sie auch schon eines der torpedoförmigen sechsrädrigen Fahrzeuge, wie sie die Kometenmenschen benutzten. Mit rasender Geschwindigkeit jagte es an ihnen vorbei. Trotzdem konnten sie genau erkennen, wer sich in dem Fahrzeug befand.

Am Steuer saß ein Soldat, neben ihm sahen die Querdel; und im Fond lag schräg eine rothaarige Gestalt.

»Das war ja der Chef!« rief Otho, als der Wagen an ihnen vorübergerast war. Sie wollten das Fahrzeug verfolgen, doch das war hoffnungslos: es war bereits außer Sichtweite, so daß sie den Versuch aufgeben mußten.

»Dieser alte Teufel Querdel bringt den Chef zur Zitadelle der Allus!« schrie der Androide empört. »Warum haben wir den alten Hexer bloß nicht umgebracht, als wir Gelegenheit dazu hatten?«

Grag ballte seine riesige Faust.

»Die werden ihm auch nicht ein einziges Haar krümmen! Wir werden ihn retten!«

Grags Ausdauer kannte so gut wie keine Grenzen, und Otho stand ihm mit seinem künstlichen Körper in dieser Hinsicht kaum nach. Anstrengungen, die jeden gewöhnlichen Menschen umgebracht hätten, waren für sie nur ein Kinderspiel.

Und so eilten sie Stunde um Stunde die Schnellstraße entlang in Richtung Norden durch den Dschungel. Sie begegneten niemanden, während sie unentwegt grimmig weiterschritten. Es war schwierig, die Zeit abzuschätzen, da sich der flammende

Himmel über ihnen nicht veränderte. Oog wimmerte, weil er hungrig war. Eek hockte verschüchtert auf Grags mächtiger Schulter und zuckte immer wieder zusammen, wenn Vögel mit flammenden Flügeln und Flugreptilien vom Dschungel kommend die Straße überflogen.

Sie wußten, daß sie schon viele Kilometer hinter sich gebracht hatten, doch die Straße wollte kein Ende nehmen. Endlich erblickten sie vor sich im schimmernden Dunst die Silhouette eines kleinen schwarzen Berges.

Als sie näher kamen, stellten sie erstaunt fest, daß es gar kein Berg war, sondern ein schwarzes Gebäude, das weit über den leuchtenden grünen Urwald emporragte.

»Das ist die Zitadelle der Allus!« flüsterte Otho mit funkelnden Augen. »Alle Raumgötter, was können das nur für Wesen sein?«

Sie waren am Rande des Urwalds angelangt. In wenigen hundert Metern Entfernung erhob sich das gewaltige fensterlose Gebäude hoch in den Himmel. Die Zitadelle war geformt wie ein gedrungener abgeschnittener Kegel. Ihre massiven Wände bestanden aus schwarzem Synthostein und waren leicht geschrägt. Die einzige Öffnung bestand aus einem gewölbten Eingang ohne jedes Tor oder Gitter. Die weiße Schnellstraße führte direkt darauf zu und verlor sich in der Öffnung.

»He, da sind ja weder Wachen noch Gitter!« rief Grag. »Da können wir ja einfach hineinspazieren!«

»Sei doch nicht blöd!« zischte Otho. »Wenn die Allus weder Gitter noch Wachposten dort haben, dann deshalb, weil sie keine brauchen! Du solltest dir mal in deinen Schrottkopf hämmern, daß wir es hier mit Wesen zu tun haben, wie sie unser Kosmos noch nie gesehen hat! Ich würde lieber einen Kopfsprung in die Sonne machen, als dort hineinzugehen!«

»Aber der Chef ist doch dort, wir *müssen* hinein!« protestierte Grag.

»Ja, aber nicht so!« Otho musterte die hohe Gebäudewand. »Ich glaube, ich kann da hochklettern, um aufs Dach zu kommen.«

»Und was soll das nützen?«

»Das weiß ich auch erst, wenn es soweit ist«, bellte Otho gereizt. »Aber auf diesem Dach müßte es eigentlich irgendeinen Lüftungsschacht oder sonstige Öffnungen geben.«

»Aber *ich* kann da nicht hochklettern!« maulte Grag.

»Das weiß ich. Du mußt eben hier unten auf mich warten«, erwiderte Otho. »Paß auf Oog und Eek auf. Ich gehe die Lage auskundschaften und komme dann wieder zurück.«

Dann machte sich der Androide daran, sich durch das hohe Gras an das Gebäude heranzuschleichen. Obwohl er unentwegt das Gefühl hatte, aus dem kahlen, gewaltigen schwarzen Steinhaufen heraus von fremden Augen beobachtet zu werden, erreichte er das Gebäude ohne jeden Zwischenfall. Wie er so davorstand, wirkte es wie ein steiler schwarzer Berg, der hoch über ihm in den Himmel emporragte. Er erkannte jedoch die dünnen Fugen zwischen den Synthosteinen.

Mit seiner unglaublichen Geschicklichkeit gelang es ihm, seine geschmeidigen Finger Halt an diesen Fugen finden zu lassen. Wie eine Spinne kletterte der Androide an der Wand empor.

Als er endlich das Dach erreichte, befand er sich in dreihundert Metern Höhe. Mitten auf dem Dach war eine runde Öffnung von dreißig Metern Durchmesser zu sehen, aus der ein Ring von Kupferelektroden herausragte und in den Komahimmel zeigte.

»Was zum Teufel soll das wohl sein?« fragte Otho sich.

Leise schlich er auf allen vieren zu der runden Öffnung. Als er die schreckliche und furchteinflößende Szene erblickte, die sich seinen Augen bot, erstarrte er.

XI

Die Allus

Curt Newton erwachte aus seiner hypnotischen Trance und blickte sich verwundert um.

Er lag auf einer Liege in einem kleinen Raum. Wände, Fußboden und Decke bestanden aus schwarzem Synthostein. Der Raum besaß keine Fenster, aber eine offene Tür, die auf einen hell erleuchteten Gang hinausführte.

Curt brauchte einige Zeit, um sich an die letzten Ereignisse zu erinnern. Doch plötzlich fiel ihm alles wieder ein, und eine tiefe Enttäuschung ergriff ihn, als ihm klar wurde, daß die anderen wohl genauso überwältigt worden sein mußten wie er selbst. Das bedeutete, daß die Rebellion niedergeschlagen worden war und Thoryx, Querdel und die Allus noch immer herrschten. Es bedeutete außerdem, daß Joan Randall noch immer zu den unsterblichen Elektromenschen gehörte.

Voller Zorn sprang er auf. Noch war er nicht endgültig erledigt! Irgendwie würde er schon einen Ausweg finden, um der Tyrannei ein Ende zu machen und ...

Doch als er sich umblickte, fröstelte ihn unwillkürlich. Diese schwarze Zelle sah nicht danach aus, als gehörte sie zu einem der Gebäude in der Stadt der Kometenmenschen. Die Gebäude in Mloon waren alle alabastern und nicht schwarz.

Da begriff er, daß er wohl in der schwarzen Zitadelle der Allus sein mußte. Offenbar waren die Allus zu dem Schluß gekommen, daß er gefährlicher war als andere Menschen, deshalb hatten sie ihn von ihren Vasallen hierherbringen lassen.

Schnell versuchte er, die Situation richtig einzuschätzen. Dann verfinsterte sich sein Gesicht, und seine Augen bekamen einen grimmigen, kampfentschlossenen Ausdruck.

»Dann habe ich es ja jetzt wohl mit den wahren Herren dieser Welt zu tun«, murmelte er. »Wenigstens sollte ich versuchen, herauszubekommen, was sie eigentlich vorhaben.«

Was waren diese geheimnisvollen Allus nur für Wesen? Niemand konnte sie beschreiben, und doch fürchtete sich jeder hier vor ihnen zu Tode. Kamen sie wirklich aus einem anderen Universum? War er nun wirklich in ihrer Hochburg? Er konnte es immer noch nicht richtig glauben.

Und was hatten sie vor? Warum hatten sie die Kometenmenschen versklavt? Was für unvorstellbare Pläne heckten sie auf dieser Welt im Inneren des Halleyschen Kometen aus?

»Sie werden mich nicht sofort umbringen«, dachte

Captain Future. »Das hätten sie schon früher von ihren Gehilfen, den Kometenmenschen, erledigen lassen können. Was wollen sie also von mir?«

Er musterte die geöffnete Tür. Eigentlich war es gar keine richtige Tür, stellte er fest, sondern eine einfache Öffnung ohne jedes Gitter oder sonstige Schranken.

Aber Captain Future war nicht so naiv zu glauben, daß ihn die Allus völlig unbewacht lassen würden. Als er die Öffnung genauer betrachtete, entdeckten seine scharfen Augen einen schwachen, dunklen Schleier, der sich über die Lücke in der Wand spannte.

»Das könnte eine Art von Schranke sein«, murmelte er. »Aber das werde ich ja bald wissen.«

Zögernd schritt er auf die Öffnung zu, um hinaus in den Gang zu treten. Doch als er in den Schleier eintrat, besann er sich plötzlich eines anderen.

»Nein, ich will nicht in den Gang hinaus«, durchfuhr es ihn.

Hastig trat er wieder zurück in seine Zelle.

»Warum wollte ich plötzlich nicht mehr?« dachte er verwirrt. »Warum habe ich es mir nur anders überlegt? Natürlich will ich hinaus!«

Wieder schritt er zur Tür. Doch als er in den Schleier hineintrat, änderte er seine Meinung erneut und kehrte wieder um.

Das war rätselhaft! War das irgendein seltsamer Instinkt, der ihn vor einer drohenden Gefahr warnen wollte?

Unsinn? Curt fluchte leise.

»Was ich doch für ein Narr bin! Das ist tatsächlich eine Schranke. Eine *mentale* Schranke!«

Nun begriff er: Der dunkle Schleier war eine Barriere, eine hypnotische Kraft, die ihn immer wieder aufhielt.

Curts Respekt vor den Allus wuchs. Wer so etwas errichten konnte, der wußte mehr über die Geheimnisse mentaler Ströme und Kräfte als alle anderen Lebewesen.

»Ist ja auch ganz einfach«, dachte er. »Warum sollte man einen Gefangenen umständlich einsperren, wenn man ihn einfach dazu zwingen kann, seine Zelle gar nicht verlassen zu wollen? Wirklich raffiniert und billig noch dazu!«

Ruhig setzte er sich wieder auf seine Liege und dachte nach. Er mußte das, was er bisher über die Allus in Erfahrung gebracht hatte, zusammenhängend ordnen. Doch dazu hatte er noch viel zu viele Wissenslücken.

Er war sich sicher, daß er schon bald mehr als genug über sie erfahren würde, und das würde mit Sicherheit alles andere als angenehm werden. Aber er bezweifelte auch, daß er danach noch lange genug leben würde, um aus seinem Wissen Kapital schlagen zu können.

»Nur nicht zweifeln!« ermahnte er sich selbst. »Wenn man mit Wesen zu tun hat, die als Hauptwaffe mentale Kräfte einsetzen, dann kann man es sich nicht leisten, Zweifel oder gar Furcht zu hegen.«

Er mußte an Joan Randalls unirdische Schönheit denken, an ihren elektrischen Zustand, und Grauen und Entsetzen packten ihn. Er schwor sich, alles daranzusetzen, das Mädchen aus dieser schrecklichen Sklaverei wieder zu befreien.

Irgendwo hier in der Zitadelle der Allus wurden

die Menschen in Elektrowesen verwandelt. Wenn es ihm nur gelingen würde, herauszufinden, *wie* die Allus bei der Verwandlung genau vorgingen, und wenn er Tiko Thrin und Simon davon Mitteilung machen könnte ...

Plötzlich merkte er, daß der dunkle Schleier in der Öffnung verschwunden war. Er sprang auf und lief ungehindert in den langen, hell erleuchteten Gang hinaus. Captain Future lächelte grimmig.

»Sie haben die Schranke per Fernsteuerung abgeschaltet. Also *wollen* sie auch, daß ich hinauskomme.«

Er zuckte mit den Schultern.

»Also gut, Gentlemen – ich spiele mit!«

Vor ihm bog sich der lange Gang und verlor sich in der Ferne. Er hatte keine Wahl, er mußte weitergehen. Er kam an eine Türöffnung, die von einem undurchsichtigen dunklen Schleier verdeckt wurde. Dahinter hörte er merkwürdige raschelnde Geräusche, vermischt mit einem gelegentlichen Klirren von Metall.

Curt Newton ging auf die Tür zu. Er wollte feststellen, was dahinter war, doch sobald er in den Schleier eingedrungen war, blieb er stehen ...

Er wollte ja gar nicht wirklich durch diese Tür! Alles in ihm lehnte sich plötzlich gegen diesen Gedanken auf, und er wich hastig zurück. Er lächelte schief.

»Sieht so aus, als gäb's in diesem Rattenlabyrinth nur einen einzigen Weg für mich, und zwar den, den die Allus für mich bestimmt haben!«

Er ging wieder den gebogenen Gang entlang. Er bemerkte noch weitere Türen, doch alle waren sie verschleiert, deshalb versuchte er gar nicht erst, dort einzudringen.

Seine Nerven waren zum Zerreißen gespannt. Diese düsteren schwarzen Korridore wirkend unheimlich und zermürbend. Im Hintergrund hörte er gespenstisches Geflüster, konnte jedoch nichts Auffälliges entdecken. Nach einiger Zeit wären ihm die schaurigsten Planetenmonster willkommen gewesen, wenn sie ihn nur von dieser unerträglichen Spannung abgelenkt hätten.

Mehrere hundert Meter weiter entdeckte er schließlich eine Türöffnung, die nicht von einem schwarzen Schleier versperrt war. Curt blieb stehen und musterte sie.

»Ich soll also dort hineingehen. Und wenn ich es nun vorzöge, einfach weiterzugehen?«

Da entdeckte er weiter vorne eine Schleierschranke, die den Gang absperrte. Er mußte lachen, aber es war keine Freude darin.

»Die überlassen wohl gar nichts dem Zufall!«

Mit angespannten Muskeln schritt er auf die Tür zu. Dahinter waren merkwürdige Geräusche zu hören, die sich von den anderen bisher gehörten unterschieden. Er hatte das Gefühl, daß dort mehr als nur ein Wesen im Raum sein mußte.

Captain Future spürte eine entsetzliche innere Spannung. Er wußte, daß er jetzt endlich den geheimnisvollen Herren der Kometenwelt gegenübertreten würde, den gefürchteten Allus.

Entschlossen trat er durch die Tür und blieb wie angewurzelt stehen. Der Raum war groß, hell erleuchtet und kreuzförmig. Starr vor Staunen blickte er die Bewohner der Zitadelle an.

»Mein Gott!« entfuhr es ihm.

Der kreuzförmig anglegte Raum selbst war schon erstaunlich genug. Überall standen Geräte und Maschinen, die ihm völlig unvertraut waren.

Er erkannte eine große schwarze Kugel mit einer eigenartig lebendigen Oberfläche. Es war das Gegenstück zu dem Gerät, das er in Querdels Labor gesehen hatte – ein mentales Sende- und Empfangsgerät, mit dessen Hilfe die Allus den Aufstand der Kometenmenschen niedergeschlagen hatten.

Doch die anderen Geräte waren mehr als rätselhaft. Er erblickte ein großes tonnenförmiges Gebilde aus Kupfer, eine Art Kammer, an der Abertausende winziger Linsen angebracht waren. Die anderen Instrumente waren genauso erstaunlich. Doch am erstaunlichsten von allem waren die sechs Wesen, die in der Mitte des kreuzförmigen Labors standen.

»Das können doch nicht die Allus sein!« sagte Captain Future leise. »Das ist unmöglich ...«

Und doch mußte es so sein. Einige von ihnen arbeiteten an den Geräten; die anderen musterten ihn erwartungsvoll.

Diese sechs Allus waren – *Menschen!* Gewöhnliche, normal aussehende junge Männer wie er selbst! Sie waren nicht einmal Elektrowesen wie die Kometenmenschen, sondern hellhäutige junge Männer mit dunklem Haar, die geradewegs von der Erde hätten kommen können. Sie trugen sogar die einfachen Coveralls mit den langen Reißverschlüssen, wie sie auf der Erde üblich waren, und wie er selbst einen anhatte.

Einer von ihnen, ein hochgewachsener junger Mann mit klaren blauen Augen, trat ein paar Schritte auf ihn zu und lächelte ihn gewinnend an.

»Kommen Sie herein«, sagte er. »Wir haben Sie erwartet. Ich heiße übrigens Ruun. Ich bin so etwas wie der Leiter hier.«

Curt traute seinen Ohren nicht.

»Aber Sie können doch unmöglich die Allus sein!« stammelte er. »Sie sind doch ganz gewöhnliche Menschen!«

Ruun lachte, und die anderen kicherten leise.

»Das erstaunt Sie, wie? Das habe ich mir gedacht. Querdel hier hat es auch erstaunt, als er herausfand, daß wir gewöhnliche Menschen sind.« Er deutete auf eine dunkle Ecke, in der der alte Querdel in unterwürfiger Haltung stand. Voller Ehrfurcht beobachtete er das Tun der Allus.

Ruun fuhr fort.

»Sehen Sie, wenn das Kometenvolk wüßte, daß wir nur Menschen sind, dann würde uns niemand gehorchen. Deshalb haben wir Thoryx und Querdel die Legende verbreiten lassen, daß wir seltsame und schreckliche Wesen aus dem Unbekannten seien. Auf diese Weise haben wir uns den großen Aberglauben dieser Leute zunutze gemacht.«

»Dann war das Gerede vom anderen Universum nichts als Lüge?« fragte Curt.

Ruun lachte leise. »Ganz genau. Oder sehen wir etwa so aus, als stammten wir aus einem anderen Universum?«

Captain Future grinste etwas unsicher.

»Nein, das kann man nicht behaupten. Sie sehen aus, als kämen Sie von meinem Heimatplaneten, der Erde.«

»In Wirklichkeit sind wir selbst nichts anderes als Kometenmenschen«, erklärte Ruun. »Wir sind eine

Gruppe von Wissenschaftlern, die im Verborgenen daran arbeitet, unserem Volk zu helfen. Wir haben einige recht bemerkenswerte Entdeckungen auf dem Gebiet der Bioelektrizitä und der Mentalkräfte gemacht. Wir haben sogar einen Weg gefunden, unser Volk durch Elektrizität unsterblich zu machen. Im Augenblick scheint ihm allerdings nicht einmal das zu genügen.«

»Aber weshalb haben Sie dann fremde Schiffe in den Kometen gelotst?« fragte Curt erstaunt. »Warum haben Sie Ihre Gefangenen zu Elektromenschen gemacht?«

Ruun zuckte mit den Achseln.

»Ich gebe zu, daß es nicht richtig war, diese Schiffe zu entfuhren. Aber wir brauchten einige Materialien für unsere Forschungen, die wir uns anders nicht hätten beschaffen können. Und wir dachten, daß wir die Besatzungen der Schiffe angemessen entschädigen würde, wenn wir ihnen elektrische Unsterblichkeit anbieten.«

Curt Newton war erleichtert. Jetzt sah die Sache schon ganz anders aus.

»Aber Sie haben doch die Revolte von Aggar und seinen Leuten niedergeschlagen ...« sagte er.

»Natürlich, wir wollten das Blutvergießen beenden«, erwiderte Ruun. »Wenn die Kometenmenschen mit ihrer Unsterblichkeit unzufrieden sind, dann verwandeln wir sie eben einfach wieder. Wir wollten ihnen doch nur helfen. »Ruun fuhr fort: »Wir haben Sie hierherbringen lassen, weil wir glauben, daß Sie uns behilflich sein könnten, Fremder. Wir vermuten, daß Sie sehr viel über das Universum außerhalb unseres Kometen wissen, was uns von Nutzen sein könnte.«

»Werden Sie das Mädchen, das ich retten wollte, wieder zurückverwandeln?« fragte Curt sofort.

»Aber natürlich!« sagte Ruun. Er zeigte auf die gewaltige, tonnenähnliche Kammer. »Wir brauchen nur die Schaltungen dieses Konverters dort umzustellen, dann wird sie wieder ein normaler Mensch, wenn ihr das besser gefällt.«

Curt war mit dieser Antwort zufrieden. Endlich brauchte er sich wegen Joan keine Sorgen mehr zu machen.

»Ich bin gerne bereit, Ihnen behilflich zu sein, wenn Sie wirklich nur zum Besten der Kometenmenschen handeln«, sagte er.

»Wunderbar!« sagte Ruun. Er drehte sich zu Querdel um. »Sie können jetzt zurück nach Mloon. Versuchen Sie, das Volk dort zu beruhigen.«

Querdel schritt mit zahllosen Bücklingen aus dem Raum.

Ruun wandte sich mit einem Lächeln an Captain Future.

»Und nun, Fremder ...«

Plötzlich erbleichte Curt. Er starrte den jungen Mann und die anderen Allus mit verschwommenem Blick an und spürte, wie sein Herz immer schneller schlug.

Als Querdel an Ruun vorbeigeschlichen war, hatte Captain Future etwas höchst Merkwürdiges wahrgenommen. Querdels Ellenbogen hatte den scheinbar festen Körper des Allu nicht nur gestreift, sondern *durchstoßen!*

Das aber konnte nur bedeuten, daß Ruun gar nicht wirklich war! Er konnte ihn zwar sehen und ihn und die anderen verstehen, aber ...

Ruun blickte ihn verwundert an.

»Was ist denn los?«

Curt griff plötzlich nach dem jungen Anführer, um sich zu vergewissern, daß seine Augen ihm lediglich einen grausamen Streich gespielt hatten.

Doch Ruun wich sofort zurück. Und das war für Curt der eindeutige Beweis, daß die Vermutung, die er gehegt hatte, zutraf.

»Dann seid ihr also *nicht* real!« sagte Captain Furture mit rauher Stimme. »Ihr seid überhaupt keine Menschen!«

Ruuns Gesicht verfinsterte sich zornig.

»Sind Sie verrückt geworden?«

»Was immer ihr Allus sein mögt, Menschen seid ihr jedenfalls nicht!« fuhr Curt steif fort. »Ihr habt mich glauben lassen, daß dem so sei. Ah, natürlich, ich verstehe! Ihr seid Meister der Mentalwissenschaften und habt mich wieder hypnotisiert.«

Da geschah etwas Merkwürdiges mit Ruun und den anderen Allus: Ihre menschlichen Körper verschwanden, und Curt begriff, daß er den hypnotischen Bann gesprengt hatte, so daß die Illusion zusammengebrochen war. Aber was waren das nun für sechs Gestalten dort vor ihm? Sie sahen ja aus wie schwarze, undurchsichtige Schatten! Doch es waren Schatten, die eine feste Gestalt besaßen, und diese Gestalt bot einen erschreckenden Anblick.

Sie wirkten wie Parodien auf die menschliche Rasse: Die Körper waren schlangenartig, ebenso die Arme und Beine, und von den entsetzlichen Köpfen schlängelten sich bewegliche Fühler in alle Richtungen.

Und dennoch bestanden diese Wesen nicht aus

kompakter Materie, sondern wirkten wie zum Leben erweckte Schatten aus einem Alptraum, so als habe die Finsternis des weiten Alls schreckliche, nebelhafte, unmenschliche Kinder hervorgebracht, die ...

»Alle Raumgötter!« sagte Captain Future erstickt.

Er wußte, daß er nun endlich das wahre Antlitz der Allus erblickte!

XII

Mentales Duell

Captain Future hatte schon vielen kosmischen Ungeheuern gegenübergestanden. In den dichten Dschungeln Jupiters und auf dem Meeresboden Neptuns waren sie ihm überall begegnet, doch noch nie zuvor hatte er mit etwas derart Entsetzlichem zu tun gehabt.

Wären diese Wesen greifbar und wirklich gewesen, hätte er sich wohl kaum gefürchtet. Dann wäre selbst der Anblick ihrer widerlichen Gestalten und Gesichter erträglich gewesen. Aber diese dunklen, monströsen Schattenwesen waren einfach furchteinflößend.

Der erste Schatten, der sich in seiner menschlichen Gestalt noch Ruun genannt hatte, schwebte auf ihn zu.

»Zurück!« brüllte Curt unwillkürlich und hieb mit seiner geballten Faust auf das Ding ein. Doch obwohl er das Wesen durchschlug, spürte er keinerlei Aufprall.

Er wußte, daß die Allus nichtstofflich sein mußten. Aber was waren sie dann? Bestanden ihre Körper aus einem schwarzem Gas? Oder aus Kraftströmen? Gab es sie eigentlich überhaupt außerhalb seines verwirrten Hirns? Träumte er vielleicht nur?

»Bleib stehen, Erdmensch!«

Curt hörte den klaren Befehl, obwohl keiner gesprochen hatte.

Die Allus hatten die Worte lediglich gedacht und in sein Gehirn projiziert. Im gleichen Augenblick spürte er auch schon, wie sich ein fremder Geist seiner bemächtigte. Es war ein ähnliches Gefühl wie vor der Kugel in Querdels Labor.

Starr und steif stand er da, unfähig, auch nur einen Muskel zu rühren. Hilflos wie ein Kind war er den Mentalkräften der Allus ausgeliefert.

Der erste Allu, den er immer Ruun nannte, war nur wenige Zentimeter von seinem Gesicht entfernt. Die schreckliche schwarze Silhouette hob sich deutlich vor dem hell erleuchteten Hintergrund ab.

Captain Future erblickte einen dünnen Schatten, fast wie ein Faden, der von dem Wesen ausging und bis zum Ende des Raumes reichte, wo er in der Mauer verschwand. Immer wenn Ruun sich bewegte, bewegte dieser Schatten sich auch, und mit den anderen Allus verhielt es sich nicht anders. Wie Marionettenfäden führten die dünnen Schatten aus dem Raum hinaus.

»Erdmensch, du hast unsere Tarnung durchschaut!« erklang Ruuns eisige mentale Stimme in Curts Gehirn. »Das ist bedauerlich. Wir hatten gehofft, unser Ziel schmerzlos zu erreichen, indem wir dich durch eine Täuschung zur Mitarbeit bewegen wollten. Jetzt müssen wir andere Mittel anwenden.«

Curt konnte wieder sprechen, auch wenn er sich sonst nicht mehr bewegen konnte. Kraft und Entschlossenheit kehrten in sein Denken zurück.

Die Drohung des Ungeheuers hatte ihn aus seiner tödlichen Betäubung gerissen. Curt Newton war eine Kämpfernatur, und nichts stimulierte ihn mehr als eine Drohung.

»Dann war also alles, was ihr gesagt habt, Lüge«, erklärte er. »Ihr stammt also wirklich aus einem anderen Universum. In unserem Kosmos hätte nichts solche Wesen wie euch hervorbringen können.«

»Es stimmt, wir kommen aus einem anderen Kosmos«, erwiderte Ruun. »Euer gekrümmtes, dreidimensionales Universum ist nur eine Blase, die im metadimensionalen Abgrund der Unendlichkeit umhertreibt. In eurem Kosmos seid ihr nichts als Insekten, die im Inneren einer Kugel herumkriechen. Ihr habt diese Kugelschale noch nie durchstoßen und seid nie bis zu dem Abgrund gelangt, in dem wir Allus leben. Dort, wo ganz andere Gesetze der Materie und der Energie herrschen, dort sind wir mächtig geworden und weise. Wir haben uns schließlich dazu entschlossen, in die Blase eures Kosmos einzudringen. Doch trotz all unserer Kräfte war es uns unmöglich, die Schale von unserer Seite ohne Hilfe aus dem Inneren zu durchstoßen, und deshalb haben wir gedanklich mit dem Kometenmenschen Kontakt aufgenommen, den ihr Querdel nennt. Denn dem Gedanken und der mentalen Energie ist es möglich, von einem Universum ins andere zu gelangen, auch wenn Materie das nicht vermag. Wir haben ihm Unsterblichkeit versprochen, und dieses Versprechen haben wir gehalten. Dafür mußte er uns zu

Diensten sein und uns dabei helfen, das Tor zu eurem Universum zu öffnen.

Wir haben ihn dazu auserwählt, einen Menschen dieser Kometenwelt, weil wir große Mengen an elektrischer Energie dazu benötigten. Und so hat er das Tor für uns geöffnet, und wir gelangten hinein.«

Wie versteinert stand Curt Newton da und hörte in seinem Inneren die befehlende Stimme des Allus.

»Erdmensch, weshalb erzähle ich dir diese Dinge? Weil du begreifen mußt, daß wir Wesen aus einem Universum sind, das größer und mächtiger ist als das eure. Unsere Macht läßt jeden Widerstand zwecklos werden.«

Mit heiserer Stimme antwortete Captain Future: »Warum seid ihr in unseren Kosmos eingedrungen? Was habt ihr vor?«

Ruuns mentale Stimme bekam plötzlich einen amüsierten Unterton.

»Erdmensch, deine Gedankengänge sind von geradezu kindischer Schlichtheit. Du befürchtest, daß wir deinem Universum Schaden zufügen werden, den Planeten dieses kleinen Systems. Daß wir vielleicht vorhaben könnten, sie anzugreifen.

Erdmensch, du kannst unbesorgt sein. Wir haben nicht vor, dein winziges System zu überrennen. Was hätten wir schon davon?«

»Das glaube ich euch nicht«, fauchte Captain Future.

»Wenn das stimmt, warum habt ihr dann die Schiffe meiner Welten mit Hilfe der Kometenmenschen aufgebracht und nach hier verschleppt?«

Das Wesen antwortete in gelangweiltem, abfälligem Ton.

»Die Kometenmenschen sind unsere Vasallen, ja. Wir haben sie benutzt und sichergestellt, daß sie nicht entkommen können, indem wir sie in elektrische Wesen verwandelt haben, die nur innerhalb dieses Kometen überleben können. Doch wir brauchen andere Diener als diese für das, was wir vorhaben. Wir brauchen Menschen von außerhalb, Menschen von den Welten eures Systems, die über naturwissenschaftliches Wissen über diesen Kosmos verfügen, das wir für unsere Arbeit hier benötigen. Menschen wie dich, Erdmensch!«

»Von mir werdet ihr weder Wissen noch Hilfe bekommen«, erwiderte Curt Newton ungerührt. »Auch wenn ihr es leugnet, bin ich trotzdem immer noch davon überzeugt, daß ihr eine Invasion meines Systems plant, oder seine Menschen in euer Universum entführen wollt.«

Ruuns eisige Mentalantwort hatte einen empörten Unterton.

»Wir würden nicht einmal freiwillig auf den schäbigen Planeten deines Systems leben wollen, selbst wenn wir könnten! Und dein Volk könnten wir auch gar nicht entführen, denn die Materie des einen Universums kann nicht in einem anderen existieren. Alles, was wir in deinem Kosmos suchen, ist Kraft.«

»Kraft? Energie?«

Plötzlich begriff Curt blitzartig, was die Allus wollten. Ruun schien seine Gedanken gelesen zu haben, denn er antwortete:

»Ja, Erdmensch, wir suchen nach Energie. Energie, die wir Allus bei uns benötigen. Deshalb sind wir gekommen.«

»Ihr meint, ihr wollt die Energie dieses ganzen

Kometen durch euer Tor nach draußen leiten? Sie abzapfen?« flüsterte Curt ungläubig.

»Die Energie dieses Kometen ist nicht einmal ein Bruchteil dessen, was wir benötigen!« lautete die Antwort. »Wir brauchen sehr viel mehr. Euer Universum erzeugt ungefähr so viel, wie wir benötigen. Wir werden von unseren Vasallen, den Kometenmenschen, hier einen gewaltigen Transformator bauen lassen, der als erstes die Energie eurer Sonne absaugt. Das wird zwar nicht allzulange ausreichen, doch in diesem Universum gibt es ja sehr viele Sonnen. Es ist nicht wie unseres, in dem es kaum derartige Kraftquellen gibt.«

Entsetzt hörte Captain Future, was ihm das Wesen da mitteilte. Schon der bloße Gedanke an das, was die Allus vorhatten, war grauenerregend – ein Energieraub in kosmischem Ausmaß!

»Du kannst uns nun mit deinem Wissen um dieses Universum behilflich sein, dann verleihen wir dir die elektrisch erzeugte Unsterblichkeit. Du kannst aber auch ablehnen. In diesem Fall werden wir sämtliches Wissen deines Verstandes abzapfen und dich danach vernichten.«

Curt empfand nichts als blinde Wut, doch er begriff, daß das eine unangebrachte Reaktion war. Die Allus sahen nichts Böses in ihrem gewaltigen Raub, in ihrem Kosmos galten einfach andere Gesetze.

Es hatte keinen Zweck, mit ihnen zu diskutieren. Es gab nur eine Möglichkeit: sie zu vernichten. Doch wie? Noch nie war sich Curt Newton derart hilflos vorgekommen. Sein Körper war bewegungsunfähig, und selbst, wenn er es nicht gewesen wäre – was hätte er gegen diese Schattenwesen schon ausrichten können?

»Du kannst uns absolut nichts anhaben«, sagte Ruun, der wieder seine Gedanken gelesen hatte. »Keine Waffe in diesem Universum könnte uns etwas tun. Ich rate dir – sieh ein, daß Widerstand zwecklos ist.«

Captain Future fällte eine verzweifelte Entscheidung. Wenn er es zuließ, daß sie ihn vernichteten, dann wäre das nur ein Sieg für die Allus. Er mußte Zeit gewinnen, indem er so tat, als würde er mit ihnen kooperieren, während er in Wirklichkeit jede Information für sich behielt, die ihnen wirklich dienen könnte.

Kaum hatte er diesen Plan gefaßt, als Ruuns mentale Stimme ertönte.

»Meinst du wirklich, wir wären so leicht zu täuschen?« fragte das Wesen spöttisch. »Ich dachte eigentlich, daß wir dir unsere Macht schon hinlänglich unter Beweis gestellt hätten.«

Wieder hatte Ruun seine Gedanken erfaßt, und diesmal noch bevor sie ihm selbst richtig bewußt geworden waren! Die Macht dieser Wesen war wirklich unvorstellbar!

»Es ist bedauerlich, daß du dich nicht freiwillig dazu entschlossen hast, mit uns zusammenzuarbeiten«, fuhr der Allu fort. »Es wird viel Zeit brauchen, aus deinem Verstand alles wissenschaftliche Wissen abzuzapfen. Aber ich sehe keine andere Möglichkeit mehr. Und danach müssen wir dich vernichten.«

»Nein!« dachte Curt mit gewaltiger Willensanstrengung. »Von mir bekommt ihr nichts ... nichts gebe ich euch!«

Er konzentrierte sich auf seinen geistigen Widerstand, indem er versuchte, möglichst an nichts zu denken. Doch er merkte, wie seine Kraft unter dem mentalen Ansturm der Allus nachließ. Diese Wesen konnten seinen Widerstand mühelos brechen. Er spürte, wie ihre Gedanken forschend in sein Gedächtnis eindrangen.

Dann herrschte nur noch eine dunkle Bewußtlosigkeit.

Als er wieder zu sich kam, stellte er fest, daß er immer noch in dem kreuzförmig angelegten Labor stand. Die Schatten standen jetzt etwas weiter entfernt in einer Ecke und schienen sich miteinander zu beraten.

Es war ihnen also schon gelungen! Jetzt wußten sie also alles über die Gesetze seines Kosmos, was er selbst wußte. Wahrscheinlich besprachen sie gerade das Erfahrene.

Er merkte, daß sie für einen Augenblick ihren mentalen Zugriff gelockert hatten. Doch sobald sie sich sicher waren, daß sie sein Wissen erschöpft hatten, würden sie ihn gnadenlos beseitigen.

Fieberhaft suchte er nach einem Ausweg. Sein Körper war zwar augenblicklich bewegungsfähig, doch er machte sich über die Sinnlosigkeit eines physischen Vorgehens ohnehin keinerlei Illusionen. Weder ein körperlicher Angriff noch ein Fluchtversuch hatte auch nur die geringste Aussicht auf Erfolg. Und doch mußte er irgendwie verhindern, daß sie ihn umbrachten, mußte er Zeit gewinnen, um etwas gegen ihr Vorhaben unternehmen zu können.

Da zuckte ein Gedanke in seinem Hirn auf. Es war ein verzweifelter Plan mit nur geringen Erfolgsaussichten, doch wenn er seinen Verstand unter Kontrolle hielt, dann konnte er vielleicht gelingen.

Die Schattenwesen wandten sich ihm erneut zu. Jeder Allu zog seinen dünnen, kaum sichtbaren Faden hinter sich her. Und wieder spürte er die mentale Umklammerung, die ihn ergriff.

»Wir haben sehr viel nützliches Wissen aus deinem Geist gewonnen, Erdmensch«, pulsierte Ruuns Gedanke in Curts Gehirn. »Es ist wirklich schade, daß wir uns deiner nicht anders bedienen können, denn ein Wissenschaftler deines Kalibers würde uns sehr viel nützen. Aber deine offensichtliche Feindseligkeit uns gegenüber macht das unmöglich. Wir müssen dich also beseitigen.«

Captain Future konzentrierte sich mit aller Gewalt auf einen einzigen Gedanken.

»Sie haben zwar mein Wissen geplündert, aber über die thermodynamische Konstante des Energieflusses in diesem Universum haben sie nichts erfahren«, dachte Curt. »Sie wissen nicht, daß das Gesetz dieser Konstante sie daran hindern wird, jemals große Energiemengen in ihren eigenen Kosmos abzuleiten. Ich muß dafür sorgen, daß sie nichts davon erfahren. Ich muß diesen Faktor um jeden Preis geheimhalten!«

Ruun fragte sofort:

»Erdmensch, ist es dir etwa tatsächlich gelungen, uns etwas vorzuenthalten? Was ist diese thermodynamische Konstante?«

Die Allus hatten also tatsächlich angebissen! Es gab überhaupt keine solche Konstante, doch irgendwie mußte er Zeit gewinnen, denn solange die Allus glaubten, daß er eine geheime Information vor ihnen verbarg, solange würden sie ihn am Leben lassen.

»Ich weiß nicht, was ihr meint«, erwiderte Curt mit gespielter Verblüffung.

»Du hältst irgend etwas zurück«, beharrte Ruun. »Du besitzt doch mehr geistige Widerstandskraft, als wir vermutet haben, wenn dir so etwas gelungen ist.«

Die Allus konnten nicht wissen, daß Curt gelogen hatte, solange er nicht daran dachte.

»Wenn du es uns nicht freiwillig sagst, dann werden wir dich mit Gewalt dazu zwingen«, sagte Ruun mental.

»Ich kenne diesen Faktor aber nicht!« erwiderte Curt beharrlich.

Doch seine Proteste verhallten ungehört. Wieder schlugen die Allus ihn in ihren mentalen Bann, und er verlor das Bewußtsein.

Als er wieder erwachte, spürte er, daß seine Gegner verwirrt waren.

Ruuns Gedanke erreichte ihn.

»Erdmensch, du bist wirklich stärker als erwartet. Dein Verstand weigert sich einfach, den thermodynamischen Faktor preiszugeben.«

Sie hatten sein Erinnerungsvermögen und seine gesamte Psyche durchforstet, und sie hatten die Wahrheit erfahren, aber sie hatten ihr keinen Glauben geschenkt. Denn Curt hatte Zweifel gesät: Die Allus konnten sich nicht sicher sein, daß es den thermodynamischen Faktor nicht gab, wenn auch Curts Gehirn sich weigerte, ihn preiszugeben oder auch nur zuzugeben, ihn zu kennen.

Andererseits konnten sie sich auch nicht völlig sicher sein, daß diese Weigerung keine bloße List seinerseits war.

»Ruun, laß uns diesen Erdmenschen umbringen. Sein sogenannter thermodynamischer Faktor ist nichts als eine Erfindung.«

»Das könnte sein, Siql«, antwortete Ruun kühl? »Aber wir müssen Sicherheit haben! Wenn es einen solchen Faktor doch geben sollte, dann könnte er unser ganzes Vorhaben zunichte machen, wenn wir ihn nicht berücksichtigen!«

»Wenn wir den Erdmenschen körperlich folterten, dann hätten wir vielleicht Erfolg«, meinte ein anderer Allu.

»Nein, ich glaube, daß dieser Mann jeder Folter widerstehen würde«, erwiderte Ruun.

Da er mit ihnen in mentalem Rapport stand, konnte Curt diese Unterhaltung »mithören«.

»Es gibt aber eine andere Möglichkeit, ihn zu zwingen«, fuhr Ruun fort. »Wir wissen, daß die Intelligenz dieser menschlichen Wesen zu einem großen Teil ihren Gefühlen unterworfen ist.

Ich habe bereits in Erfahrung gebracht, daß das stärkere Gefühl dieses Mannes einem Mädchen gilt, das wir vor einiger Zeit in einen Elektromenschen umgewandelt haben. Ich glaube, daß die Androhung körperlicher Gewalt gegen diese Frau den stärksten Druck darstellt, den wir gegen ihn ausüben können.«

Captain Future spürte plötzlich einen seelischen Schmerz. Wenn er Joan in eine schreckliche Gefahr gebracht hatte …

Sofort hatte er sich wieder in der Gewalt, denn er durfte sich seine Besorgtheit auf keinen Fall anmerken lassen. Doch es war bereits zu spät, Ruun hatte seine Gedanken erneut gelesen.

»Ihr seht ja selbst, daß der Erdmensch sich große

Sorgen um das Wohlergehen dieses Mädchens macht«, meinte der Anführer der Allus. »Das beweist nur, daß dies das größte Druckmittel ist, das uns gegen ihn zur Verfügung steht. Ich werde Querdel also sofort befehlen, mit dem Mädchen hierherzukommen.«

Die schattenhafte monströse Gestalt Ruuns glitt auf die schwarze Kugel zu, blieb eine Weile neben ihr stehen und kehrte zurück.

»Querdel ist gerade in Mloon eingetroffen. Er kommt sofort mit dem Mädchen zurück.«

»Das könnt ihr nicht tun!« rief Captain Future. »Ich sag's euch – es war alles nur eine Finte! Es gibt diesen thermodynamischen Faktor gar nicht.«

»Du kehrst zurück in deine Zelle«, befahl Ruun eisig. »Wir werden dich zum Verhör rufen, wenn das Mädchen hier ist.«

Curt versuchte verzweifelt, sich loszureißen, um die Schatten irgendwie anzugreifen, doch es war zwecklos. Gegen seinen eigentlichen Willen zwangen ihn die fremden Geister, umzukehren und durch die langen Gänge wieder zu seiner Zelle zurückzugehen.

Als er wieder in der Zelle war, hörte der mentale Zwang auf. Doch jetzt wurde die Türöffnung wieder von dem dunklen Energieschleier versperrt.

Curt Newton setzte sich auf seine Liege und dachte voller Entsetzen über seine Lage nach. Seine List hatte sich als Eigentor erwiesen. Er hatte zwar Zeit gewonnen, aber das Mädchen, das er liebte, damit in tödliche Gefahr gebracht. Die Allus würden sie so lange foltern, bis er ihnen den thermodynamischen Faktor verriet.

Und das war unmöglich, denn einen solchen Faktor gab es schließlich nicht!

XIII

Das Geheimnis der Invasoren

Otho kauerte starr auf dem Dach des großen Gebäudes und blickte ungläubig nach unten in den großen Innenhof.

»Alle Raumdämonen!« flüsterte er wie vor den Kopf geschlagen. »Ich habe doch wohl kein Traumpulver geschluckt?«

Was er dort unten sah, wirkte wirklich eher wie eine Szene aus einem Alptraum. Otho hatte in seinem abenteuerlichen Leben schon so manches Merkwürdige gesehen, aber das hier übertraf alles andere bei weitem.

Der runde Innenhof im Mittelpunkt der Zitadelle hatte einen Durchmesser von hundert Metern. Da das Gebäude etwa dreihundert Meter hoch war, hatte Otho das Gefühl, in einen tiefen dunklen Schacht hinabzublicken.

Am Rande des Hofes ragte ein Ring aus achtzig kupfernen Stangen bis weit über das Dach hinaus empor. Hoch über Othos Kopf befanden sich an ihren Spitzen knollenartige Elektroden, auf denen unablässig violette elektrische Entladungen züngelten. Otho begriff, daß dieser große Ring von Elektroden dazu diente, den elektrischen Strom aus dem Komahimmel abzuzapfen.

Unten, am Boden des Schachts, war das Ergebnis zu sehen: ein gleißender Ring elektrischen Feuers, der eine Mauer von sieben Metern Höhe bildete und wie ein Wasserfall aus reiner Elektrizität aussah.

»Damit kann man ja einen ganzen Planeten beleuchten!« sagte Otho erstaunt. »Wofür brauchen die das nur?«

Sein Blick heftete sich auf einen geheimnisvollen Gegenstand in der Mitte des Hofes.

»Was, zum Teufel, ist das denn nur?« fragte er sich.

Mit Hilfe von riesigen Umwandlern wurde der gewaltige Strom elektrischer Energie auf das Objekt gelenkt. Offenbar diente alles nur dazu, dieses Gerät zu betreiben.

Aber was war das? Es sah aus wie ein gewaltiger Torbogen, der mitten auf dem schwarzen Hof emporragte. Er mußte etwa drei Mter hoch und fast ebenso breit sein. Dieser Bogen bestand aus massivem Kupfer. In Abständen von wenigen Metern befanden sich Anschlüsse für die Kabel daran, doch im Inneren des Bogens war – nichts. Nichts als gähnende Dunkelheit, wie ein Weltraum ohne Sterne.

»Wenn ich mir das doch nur einmal aus der Nähe anschauen könnte«, murmelte Otho voller Neugier.

Doch das war unmöglich. Es mochte vielleicht noch angehen, daß er hinuntergelangte, obwohl auch das schon zweifelhaft war, denn die Wände im Inneren das Schachts waren noch steiler als die Außenwand des Gebäudes. Doch dann würde er immer noch nicht den unglaublichen Ring elektrischer Flammen durchbrechen können, der unten loderte.

»Das würde mir wohl kaum bekommen«, meinte Otho zu sich selbst. »Aber wozu das Ganze?«

Er blickte angestrengt hinab.

»Sieht fast so aus, als wäre das hier der Schlüssel zur Zitadelle der Allus ...«

Plötzlich rang er ungläubig nach Luft. Was er dort unten erblickte, machte diesen Alptraum noch schlimmer!

Eine schwarze, schattenhafte Gestalt trat gerade aus dem rätselhaften kupfernen Bogen. Sie war nicht etwa, von einer Seite kommend hindurchgegangen, sondern einfach daraus hervorgetreten!

Es war ein schlangenartiges, aufrechtes Monstrum ohne jedes menschliche Aussehen.

»Alle Raumteufel!« flüsterte der Androide entsetzt. »Ist das etwa einer der Allus?«

Die schwarze Schattengestalt glitt zu einer Seite des Hofes, und Otho bemerkte, daß sie einen dünnen fadenähnlichen Schleier hinter sich herzog, dessen Ende in dem Bogen verschwand.

»Was, zum Teufel, ist denn das nur für ein Wesen? Schattengeschöpfe, die aus einer Tür treten, die ins Nichts führt, und an einem Schattenfaden hängen! Wesen, die durch eine Mauer aus flammender Energie dringen können!«

Kurz darauf erspähte er einen weiteren Allu, der aus der Zitadelle kam, und in dem Bogen verschwand. Während der nächsten paar Minuten war es ein reges Hin und Her. Allus kamen und verschwanden, und alle zogen sie einen fadenähnlichen Schattenschleier hinter sich her wie eine Nabelschnur.

Otho war völlig durcheinander. Der Androide hatte schon manches Mal damit geprahlt, daß er weder Mensch noch Tier, noch Teufel fürchte, aber diese Allus waren etwas völlig anderes. Sie sahen aus wie bloße undurchsichtige Schatten, aber er wußte, daß es keine bloßen Schatten sein konnten, die in dieser Kometenwelt die Herrschaft an sich gerissen hatten.

»Kein Wunder, daß sich die Kometenmenschen vor diesen Wesen fürchten«, dachte er. »Wie, zum

Teufel, soll man auch gegen einen Schatten kämpfen?«

Da kam ihm ein etwas weniger düsterer Gedanke.

»Aber auf der anderen Seite – was kann ein Schatten einem Menschen schon anhaben? Diese Dinger mögen ja ein paar merkwürdige Mentalkräfte besitzen, aber ich wüßte nicht, über was sie sonst noch verfügen sollten. Ich wette, daß sie den Chef auch noch nicht untergekriegt haben!«

Er begann damit, Pläne zu schmieden. Irgendwie mußten er und Grag in die Zitadelle eindringen, um Curt zu helfen. Die Möglichkeit, in den Innenhof hinunterzuklettern, schied aus, schon weil hier zuviel Betrieb herrschte.

Schnell entschied der Androide sich dafür, zurückzukehren, um mit Grag die Zitadelle von außen nach einer Öffnung abzusuchen.

Als er wieder unten angekommen war, machte Grag ihm gleich Vorwürfe.

»Du hast dir ja ganz schön Zeit gelassen! Ich dachte schon, daß sie dich erwischt hätten. Was hast du herausbekommen?«

»Eine ganze Menge!« meinte Otho und berichtete ihm über das, was er gesehen hatte.

Der große Roboter hörte ihm ungläubig zu.

»Dann willst du damit sagen, daß diese Allus nichts als Schatten sind?«

»Sie sehen wie Schatten aus, aber es muß doch mehr dahinterstecken«, verbesserte ihn Otho. »Jedenfalls kommen wir über das Dach nicht hinein. Wir müssen nach einem Fenster oder einem Riß in der Außenmauer Ausschau halten.«

Sie machten sich ans Werk. Eine Stunde später

waren sie wieder an ihrem Ausgangspunkt, nachdem sie die Zitadelle völlig umrundet hatten, doch eine Öffnung hatten sie nicht entdeckt. Es gab nur den Eingang, in den die weiße Straße aus Mloon hineinführte.

»Nicht mal eine Ritze, durch die eine Merkurratte hindurchschlüpfen könnte!« sagte Otho enttäuscht. »Na, ja, dann bleibt uns nur eines übrig: Wir müssen einen Tunnel graben.«

Grag starrte ihn fassungslos an.

»Bist du verrückt geworden? Da vorne ist doch ein großer, breiter Eingang. Den nehmen wir ganz einfach.«

»Nun sei doch bloß einmal in deinem Leben nicht so ein Knallkopf!« stöhnte Otho. »Habe ich dir denn nicht schon gesagt, daß die Allus den bestimmt irgendwie bewachen? Das sieht doch ein Blinder.«

»Querdel ist in seinem Fahrzeug auch hinein- und hinausgelangt«, erwiderte Grag. »Ich habe gesehen, wie er rauskam, als du oben auf dem Dach warst.«

»Natürlich, den lassen sie ja auch raus. Schließlich ist er eines ihrer Werkzeuge. Aber ich verwette einen Planeten, daß es viel zu gefährlich ist, dort hineinzugehen.«

»Wir müssen aber hinein, und diese Öffnung ist die einzige Möglichkeit, also gehe ich auch da durch«, sagte Grag unbeeindruckt.

Und schon machte sich der große Roboter, Eek auf der Schulter, auf den Weg.

Otho fluchte und lief schließlich hinter ihm her. Oog trottete ihm hastig nach. Wenige Meter vor der gähnenden Öffnung hatte der Androide Grag eingeholt.

»Grag, sei doch nicht solch ein Trottel!« sagte er. »Wenn du nicht so verdammt stur wärst, dann würdest du doch selbst einsehen, daß wir so nicht hineingelangen können!«

Doch Grag beachtete ihn nicht. Mit seinem schlichten Verstand hatte er sich dazu entschlossen, Curt Newton ohne weiteres Federlesen zu befreien, und das wollte er jetzt eben auch tun. Grag konnte manchmal äußerst dickköpfig sein, so auch jetzt.

Sie erblickten einen dunklen Schleier, der die Öffnung verdeckte.

»Siehst du! Das muß irgendeine Art von Kraftfeld sein!« sagte Otho. »Entweder zerfetzt es uns in Stücke, oder es löst eine Alarmanlage aus, die uns die Allus auf den Hals hetzt.«

»Ach, das bißchen Dunst!« sagte Grag. »Nur keine Bange!«

»Oh, ihr Raumgötter, schenkt mir Geduld!« stöhnte Otho. Dann lachte er rauh. »Also schön, wenn du es dir schon in den Kopf gesetzt hast, unbedingt Selbstmord begehen zu müssen, dann leiste ich dir dabei eben Gesellschaft.«

Dann lief er hinter Grag her, der gerade in das Gebäude eindrang. Kurz darauf waren sie durch den Schleier geschritten, ohne daß irgend etwas geschah.

»Siehst du?« meinte Grag nur. »Hab' ich doch gleich gesagt, daß das geht.«

»Ich verstehe das nicht«, stammelte Otho. »Die Allus müssen diesen Schleier dort doch als Abwehr gegen Eindringlinge angebracht haben. Warum hat er uns denn dann nicht aufgehalten?«

»Ich fürchte, dein Nervenkostüm ist einfach nicht mehr das beste«, meinte Grag herablassend. Er blickte sich um. »Mal sehen, was hier los ist. Ich weiß noch nicht, wie wir Curt in diesem großen Labyrinth finden wollen.«

Immer noch verblüfft folgte Otho dem Roboter durch eine der Türen. Vor ihnen lag ein Gewirr von hell erleuchteten Gängen. Als er zwei dunkle Schattenwesen erblickte, die weit vor ihnen durch einen Gang glitten, zuckte Otho zurück und zog Grag mit sich in Deckung. Es waren zwei Allus. Wie dunkle Gespenster schwebten sie durch den Gang und zogen die seltsamen Schattenfäden hinter sich her, die er zuvor schon an ihnen bemerkt hatte.

»Das sind also die Allus«, brummte Grag, als die beiden schwarzen Gestalten verschwunden waren. »Solch eine Rasse habe ich ja noch nie gesehen.«

Doch Otho war mit etwas anderem beschäftigt.

»Was ist denn bloß mit diesem verdammten Mondhund los?« fragte er.

Eek, der auf Grags Schulter kauerte, sah völlig verschreckt aus und versuchte, sich im Schutz von Grags Armen zu verkriechen.

Nun war Eeks Furchtsamkeit nichts Neues. Er fürchtete sich vor allem, was ihm fremd war, doch so verschreckt wie jetzt hatten die beiden ihn noch nie erlebt.

»Er hat Angst vor den Allus«, meinte Grag mitleidig.

»Du weißt doch, er besitzt große telepathische Kräfte. Wahrscheinlich fängt er irgendwelche bedrohlichen Gedanken ab.«

»He, vielleicht kann Eek ja den Chef für uns ausfindig machen!« flüsterte Otho aufgeregt. »Wir wissen doch, daß Curt irgendwo hier sein muß. Aber wenn wir uns einfach so auf die Suche machen, dann wird man uns bestimmt irgendwann entdecken. Eek könnte ihn jedoch telepathisch aufspüren und uns zu ihm führen.«

»Das kann er bestimmt«, meinte Grag. »Ich werde ihm sagen, was wir von ihm wollen.«

»Such Curt, Eek!« gab Grag dem Mondhund einen telepathischen Befehl. »Wenn du Curt findest, dann bist du in Sicherheit, Eek.«

Sicherheit war genau das, wonach Eek sich im Augenblick am meisten sehnte. Er kletterte hastig von Grags Schulter herunter und rannte so schnell er konnte einen Gang entlang.

Die beiden Future-Leute folgten ihm und hofften dabei inständig, daß sie keinen Allus begegnen würden. Sie glaubten, daß Eek die Schattenwesen rechtzeitig spüren und ihnen ausweichen würde, und so war es auch. Als er sie eine Weile lang den Gang entlanggeführt hatte, flitzte Eek plötzlich durch eine Türöffnung und verschwand.

Auch diese Öffnung war mit einem dunklen nichtstofflichen Schleier versperrt, doch das hinderte sie nicht daran, einzudringen. Als sie eingetreten waren, stellten sie fest, daß sie sich in einer Art Zelle befanden. Eek hüpfte voller Freude um einen Mann herum, der erstaunt von seiner Liege aufgestanden war.

Es war Curt Newton.

»Grag! Otho!« rief Captain Future ungläubig. »Wie, um alles in der Welt, seid ihr hier nur eingedrungen? Hat man euch denn nicht gefangengenommen?«

Hastig berichtete Otho ihm alles. Er bemerkte, daß Curts Gesicht von Sorgen gezeichnet war. Noch nie hatte sein Chef so bekümmert und niedergeschlagen ausgesehen.

»Dann sind wir eben einfach hineinspaziert, und Eek hat uns zu dir geführt«, beendete Otho seine Erzählung. »Obwohl ich immer noch nicht verstehe, wie wir die Sperren durchstoßen konnten.«

»Das verstehe ich schon, Otho«, erwiderte Curt Newton.

»Diese Sperren bestehen aus Mentalkraft, irgendein elektromagnetisches Denkmuster, das sich dem Gehirn eines jeden Menschen aufzwingt, der eintreten will, so daß es ihn daran hindert, durch die Tür zu treten. Meine Zelle besitzt ja auch eine solche Schranke. Aber die wirkt eben nur auf Menschen, weil sie auf deren Gehirnfrequenz ausgerichtet ist. Da eure künstlichen Gehirne aber anders funktionieren, haben die Sperren bei euch keinen Erfolg.«

»Genau, das ist es«, meinte Grag selbstzufrieden. »Das habe ich mir auch gedacht, deshalb wußte ich auch vorher, daß wir durch die Öffnung gehen könnten.«

»Vor allen Dingen!« knurrte Otho. »Du warst einfach nur blöd genug, es auch so zu versuchen. Glück hast du gehabt, sonst nichts. Ich hätte eigentlich daran denken müssen, daß die Allus ja schon einmal gegen uns versagt haben mit ihrer Mentalkraft.«

Captain Future unterbrach das Gezanke mit einer ungeduldigen Handbewegung.

»Hört zu! Ihr kommt gerade wie gerufen. Jetzt haben wir vielleicht die Möglichkeit, Joan doch noch zu retten.«

»Ist die denn auch hier?« fragte Otho erstaunt.

»Sie wird bald hier sein«, erwiderte Curt.

Dann erzählte er ihnen von dem Vorhaben der Allus.

»Diese dreckigen Widerlinge!« fluchte Otho schließlich. »Ich hätte gute Lust, die ganze Brut mit Stumpf und Stiel auszurotten.«

»Vielleicht können wir das sogar, Otho, wenn wir uns nur genügend anstrengen«, meinte Curt. »Der Schlüssel scheint dort im Innenhof zu finden zu sein. Erzähl mir alles, was du dort gesehen hast, jede Einzelheit, und besonders alles über diesen Torbogen, der ins Nichts führt.«

Schnell erzählte ihm Otho das, was er hören wollte.

Captain Futures graue Augen begannen zu funkeln.

»Das paßt alles zusammen«, meinte er. »Es ist zwar unglaublich, aber ich schätze, so wird es wohl sein.«

»Willst du damit sagen, daß du jetzt weißt, wer oder was die Allus sind?« fragte Grag.

»Da bin ich mir völlig sicher«, entgegnete Curt. »Es gibt nur eine Erklärung, die sich mit sämtlichen Tatsachen deckt. Die Allus haben überhaupt keine materielle Existenz!«

»Was soll das denn heißen?« fragte Otho. »Chef, bist du sicher, daß du völlig bei klarem Verstand bist?«

»Ich sag's euch, es ist die einzige Möglickeit«, beharrte Curt. »Die Allus leben im vierdimensionalen Nichts außerhalb der Blase unseres dreidimensionalen Kosmos! Das ist übrigens nicht nur meine Meinung. Als er mich verhörte, da hat Ruun die Bemerkung fallengelassen, daß Energie zwar von einem Universum ins andere gelangen kann, Materie aber nicht. Folglich ist es wissenschaftlich gesehen völlig unmöglich, daß die Allus in unserem Kosmos existieren können.«

»Aber die hier in dieser verfluchten Zitadelle existieren mit Bestimmtheit!« meinte Otho trocken. »Immerhin beherrschen sie diese ganze Kometenwelt.«

»Natürlich existieren sie, aber nicht materiell«, schränkte Curt ein. »Diese Schattengestalten bestehen nicht aus Materie, sondern aus Photonen – aus Energiepartikeln!«

Schnell erläuterte Curt seinen wissenschaftlichen Gedankengang.

»Die Allus sind wirkliche, vierdimensionale Kreaturen, die jenseits unseres Kosmos im vierdimensionalen Nichts leben. Sie benötigen Energie und haben sich deshalb dazu entschlossen, in unseren Kosmos einzudringen, um hier gewaltige Transformen aufzustellen, mit denen sie die Energie unserer Sonne in ihr eigenes Universum leiten wollen. Als erstes haben sie dabei ein Tor zu unserem Kosmos errichtet, indem sie mit Querdel und den Herrschern der Kometenmenschen Kontakt aufgenommen und sie dazu überredet haben, ihnen zu helfen.

Dann war das Tor offen – aber die Allus selbst konnten nicht hindurch. Ihre vierdimensionalen Körper können in unserem Universum nicht existieren. Aber die Energie, die dimensionslos ist, kann durch dieses Tor dringen, in beide Richtungen.

Also haben die Allus künstliche Photonenkörper durch die Öffnung projiziert! Die Schattengestalten, die wir hier sehen, sind bloß Photonenmuster, die durch ihre Energiefäden mit den festen, stofflichen

Körpern auf der anderen Seite verbunden sind. Sie projizieren außerdem ihr Bewußtsein in diese Photonenkörper und können auf diese Weise in diesem unserem Universum aktiv werden.«

Captain Futures graue Augen blitzten tatenlustig.

»Das ist die einzige mögliche wissenschaftliche Erklärung, die es dafür gibt. Und sie gibt uns auch eine Möglichkeit von tausend zu eins, die Allus für immer aus unserem Kosmos zu vertreiben.«

Otho blickte ihn fassunglos an. »Ich verstehe, Chef! Wenn wir dieses Tor verschließen könnten ...«

»Wenn wir dieses Tor verschließen könnten, dann würde es die Verbindungsfäden abschneiden und sie auf diese Weise ausschalten«, beendete Curt den Satz des Androiden.

XIV

Captain Future handelt

Die drei Gefährten blickten sich hoffnungsvoll und erregt an.

»Meinst du, daß wir das schaffen?« fragte Grag.

»Es müßte zu schaffen sein«, murmelte Curt Newton. »Othos Beschreibung zufolge besteht das Gerät aus einem Rahmen mit magnetisierten Hyperspulen, die überlappende Kraftfelder erzeugen. Diese verzerren den Raum und erzeugen schließlich einen Raumriß. Die Wissenschaft hat so etwas schon lange theoretisch für möglich gehalten. Die Belastung muß nur groß genug sein. Bisher ist es nur deswegen noch nicht experimentell durchgeführt worden, weil dazu unvorstellbare Energiemengen, das exakte Wissen über den Aufbau der Hyperspulen und entsprechende Widerstandsfähige Materialien fehlten. Aber die Allus haben das dazu nötige Wissen augenscheinlich. Und indem sie die Koma dieses Kometen ausnutzen auch die entsprechende Energie. Damit erzeugen sie eine permanente Raumverzerrung, so daß der Riß ununterbrochen offenbleibt. Sie können es nicht riskieren, den Riß wieder zu schließen.«

Und wenn wir diese Hyperspulen zerstören, würde das Tor geschlossen, richtig?« fragte Otho.

Captain Future nickte.

»Das würde es. Die Frage ist nur, ob wir an die Spulen herankommen können. Du hast ja gesagt, daß die elektrische Flammenwand im Hof keine einzige Bresche hat.«

»Mist, das hatte ich völlig vergessen!« rief Otho enttäuscht. »Das wär's ja dann wohl. Die Photonenkörper der Allus können durch den Ring dringen, aber dich oder mich würde die Spannung sofort umhauen.«

»Aber mich wahrscheinlich nicht«, meinte Grag. »Meine Außenhülle besteht ja aus dielektrischem Metall. Ich wette, daß ich da durchkäme.«

»Das bezweifle ich«, meinte Curt skeptisch. Er zögerte kurz, bevor er weitersprach. »Aber wir haben auch keine andere Möglichkeit. Grag, wenn du dazu bereit bist, dann versuchen wir es. Komm jetzt, laßt uns gehen.«

»Ich denke, du kannst die Mentalschranke in der Türöffnung nicht durchbrechen?« warf Otho ein.

»Stimmt, alleine kann ich das nicht. Aber ihr könnt mich herauszerren.«

»He, daran habe ich ja noch gar nicht gedacht!« meinte Otho. »Komm Grag, faß den Chef mit an!«

Sie packten Captain Future fest an beiden Armen und näherten sich mit ihm der Zellenöffnung. Als sie in den Schleier eindrangen, klingelten in Curts Gehirn sämtliche Alarmglocken.

»Ich will überhaupt nicht in den Gang hinaus!« dachte er wütend. »Ich *will* meine Zelle doch gar nicht verlassen!«

Die Mentalkraft war so stark, daß sie ihn dazu brachte, wild um sich schlagen zu wollen, um in der Zelle bleiben zu können. Doch Grags eiserner Griff duldete keinen Widerstand. Sobald sie draußen im Gang waren und die Schranke hinter sich gebracht hatten, hörte auch Curts seelische Qual auf.

»Danke, Jungs«, murmelte er. »Und jetzt müssen wir einen Zugang zu dem Innenhof finden. Die Tür müßte ungefähr in dieser Richtung liegen. Ich schätze, wir werden wohl dabei entdeckt werden.«

»Ich habe Eek dabei«, erwiderte Grag. »Er fürchtet sich zu Tode vor den Allus und kann sie lange vorher aufspüren, noch ehe wir sie sehen können. Er wird uns warnen.«

Sie begannen mit ihrer Suche und schritten durch das Labyrinth von Gängen. Zweimal geriet Eek in Panik, als sie in einen Gang treten wollten, also zogen sie sich hastig zurück und nahmen einen Umweg.

Sie kamen an leeren Labors und an Lagerräumen vorüber, in denen gewaltige Mengen rätselhafter Geräte und Instrumente lagerten. Curt vermutete, daß es sich um Teile des Riesentransformers handelte, den die Allus für ihren Energieraub aufstellen wollten.

Einmal wichen sie dank Eeks Warnung gerade noch rechtzeitig einem der Allus aus, der vor ihnen durch einen Gang glitt. Curt war der Verzweiflung nahe. Es blieb nicht mehr viel Zeit, denn schon bald würde Querdel mit Joan eintreffen. Dann würden die Allus ihn aus seiner Zelle zu sich zitieren wollen.

Sie kamen in einen Korridor, an dessen Ende sie ein gleißendes, fast sonnenhelles Leuchten erblickten.

»Dort ist ja schon der Hof!« sagte Otho zischend.

Sie eilten hastig den Gang entlang, bis sie zu dem Ausgang kamen, wo sie geduckt hinausblickten.

In drei Metern Entfernung flackerte die Mauer aus elektrischem Feuer, gespeist von den hohen Elektrodenstangen. Es war ein augenblendendes Hindernis, das sie von dem Inneren des Hofs abschnitt.

Captain Future versuchte angestrengt, durch diese Flammenwand hindurchzusehen. Nur undeutlich konnte er die Umrisse des riesigen Geräts im Hof ausmachen.

Noch immer herrschte ein reges Gehen und Kommen: die Allus schritten durch das Tor und traten aus ihm heraus. Zum Glück benutzten sie bisher nur andere Gebäudeeingänge, aber Captain Future war sich sicher, daß es nicht mehr lange dauern würde, bis man sie entdeckte.

»Seht euch mal all diese Enegiefäden an, die sie mit dem Tor verbinden!« sagte Otho leise.

Curt zählte zwanzig Fäden, die von dem Tor durch die elektrische Mauer führten.

»Nicht mehr als zwanzig Allus befinden sich in der Zitadelle, und doch haben sie eine ganze Welt erobert«, murmelte Curt ungläubig.

»Soll ich jetzt durch die Flammenwand gehen, Chef?« fragte Grag tatendurstig. »Im Augenblick sind gerade keine Allus draußen.«

»In Ordnung, versuch's Grag!« sagte Captain Future grimmig. »Und wenn du durchkommen solltest, dann mach diese Spulen am Tor funktionsunfähig. Jetzt hängt alles von dir ab.«

Die Gelegenheit war günstig, auch wenn sie früher gekommen war als erwartet. Im Augenblick waren im Hof keine Allus mehr zu sehen. Eilig trat Grag auf die gleißende, knisternde Flammenwand zu und schritt, ohne zu zögern, hinein.

Sie sahen, wie Grag zu taumeln begann und stehenblieb. Wir betrunken wankte der Roboter hin und her, halb verborgen vom Flammenmeer. Dann stürzte er rücklings aus dem Energiering und blieb regungslos auf dem Boden liegen.

»Er hat's doch nicht geschafft!« rief Captain Future. »Schnell, Otho, hilf mir, ihn hereinzuziehen.«

Sie rannten nach draußen, um den Roboter zu bergen. Er war außerhalb des Flammenrings zu Boden gestürzt, so daß sie seinen gewaltigen Metallkörper rückwärts wieder ins Gebäude zerren konnten.

Grag lag wie tot vor ihnen. Curt öffnete hastig die Brustplatte des Roboters und musterte eindringlich das Gewirr aus Kabeln und Instrumenten, die das Innenleben Grags ausmachten.

»Die Elektrizität der Mauer hat seine Isolation durchschlagen und einen Kurzschluß bewirkt«, stellte er fest. »Die Sicherungen seiner Nervenzellen sind durchgebrannt.«

Er brauchte nur kurze Zeit, um die Sicherungen auszuwechseln, die Grag vor zu großer Stromspannung schützten. Dann verschloß er wieder die Brustplatte.

Benommen stand Grag wieder auf.

»Was ist passiert? Habe ich es nicht geschafft?«

»Nein, und es hat auch keinen Zweck, es noch einmal zu versuchen«, meinte Curt mißmutig. »Die Allus können mit ihren Photonenkörpern diese Wand zwar durchdringen, aber wir können es nicht.«

»Durch diese verdammte Flammenwand kommt niemand außer den Elektromenschen«, zischte Otho zornig.

Captain Future zuckte zusammen und starrte den Androiden wie vor den Kopf geschlagen an.

»Otho, du hast recht! Die Kometenmenschen könnten es schaffen! Und ich auch, wenn ich ein Elektromensch wäre.«

»Chef, worauf willst du hinaus?« fragte Otho beunruhigt. »Du willst doch wohl nicht etwa ...«

»Otho, ich komme nur durch diese Wand, wenn ich ein Elektromensch geworden bin«, sagte Captain Future.

Sein Gesichtsausdruck wirkte grimmig und entschlossen.

»Es gibt eine kleine Chance, daß ich es schaffen könnte«, fuhr er eilig fort. »Als sie mich in dem Labor verhörten, da habe ich das Gerät gesehen, mit dem die Allus gewöhnliche Männer und Frauen in Elektromenschen verwandeln. Ich habe es mir so genau angesehen, wie ich nur konnte. Wenn ich ohne ihr Wissen in das Labor eindringen könnte, dann könnte ich mich selbst in einen Elektromenschen verwandeln.«

»Das ist doch verrückt!« platzte Otho heraus. »Selbst wenn es dir dann gelingen sollte, das Tor zu schließen, wärst du immer noch eines von diesen armseligen Elektrowesen.«

»Du darfst nicht vergessen, daß Simon und ich glauben, wir könnten es schaffen, die Elektromenschen wieder zurückzuverwandeln«, erinnerte Curt ihn. »Wenn wir herausgefunden haben wie, kann ich mich auch wieder umwandeln.«

»Aber angenommen, es gelingt euch nicht?« fragte Grag entsetzt. »Dann wärst du auf alle Zeiten ein Kometenmensch!«

»Wenn ich damit unser Universum retten kann, dann ist das das kleine Opfer wert«, erwiderte Captain Future ruhig. »Außerdem hieße das dann, daß Joan auch ein Elektromensch bleiben müßte. Dann würde ich ohnehin lieber ihr Schicksal mit ihr teilen.«

Otho machte eine hilflose Geste.

»Es hat doch sowieso keinen Zweck, darüber zu reden«, meinte er. »Wie willst du denn an den Konverter gelangen, ohne von den Allus entdeckt zu werden? Du hast doch selbst gesagt, daß er sich im Hauptlabor befindet, jedenfalls sieht es ganz danach aus. Also werden dort auch immer ein paar Allus sein.«

»Wir müssen sie irgendwie von dort fortlocken, und zwar auf der Stelle«, entschied Curt. »Wir haben nicht mehr viel Zeit zur Verfügung.«

Er blickte Curt an.

»Grag, du kannst dabei helfen, die Allus abzulenken. Bist du dazu bereit, das zu tun? Es würde nämlich bedeuten, daß du das Risiko eingehen müßtest, daß sie dich vernichten.«

Grag grollte beleidigt:

»Was soll denn das heißen? Habe ich mich jemals vor irgend etwas gedrückt? Und gehst du vielleicht nicht das größte Risiko von uns allen ein?«

»Gut, dann tu folgendes: Kehre zurück zum Eingang des Gebäudes und veranstalte dort einen großen Tumult. Hau alles zu Kleinholz, was dir unter die Finger kommt. Das wird sie wohl alle anlocken. Lenk sie so lange ab, wie es nur geht.«

Grags photoelektrische Augen funkelten.

»Alles klar, Chef. Ich werde einen Krawall veranstalten, der Geschichte machen wird!«

Dann eilte der große Roboter ohne weitere Worte zu verlieren zurück. Eek begleitete ihn.

Kurz darauf hörten die beiden weit entfernt gewaltiges Geklapper. Offenbar war Grag darauf erpicht, sein Versprechen auf jeden Fall wahrzumachen.

Aus ihrem Versteck sahen Curt und Otho mehrere Allus, die hastig durch die Gänge in Richtung Zitadelleneingang glitten. Als sie verschwunden waren, murmelte Curt:

»Jetzt dürfen wohl sämtliche Allus aus der Zitadelle hinausgelaufen sein. Sie werden besorgt sein, weil es jemand geschafft hat, ihre Sperren zu durchlaufen. Komm, Otho.«

Sie rannten wieder durch das Labyrinth auf das kreuzförmige Labor zu. Captain Futures Orientierungssinn ließ ihn auch diesmal wieder nicht im Stich. Kurz darauf erreichten sie ihr Ziel und stellten erleichtert fest, daß niemand im Labor war.

Im Hintergrund hörten sie noch immer Grags Radau.

»Wir haben keine Zeit mehr zu verlieren!« rief Curt keuchend, als sie ins Labor eindrangen. »Die Allus werden Grag schon bald ausgeschaltet haben, auch wenn sie mit seinem Gehirnmuster nicht vertraut sind. Das Problem werden sie aber schnell gelöst haben.«

Er rannte zu dem großen Konverter. Das Gerät bestand aus einer großen, tonnenförmigen Kupferkammer von fast drei Metern Höhe, an deren Ober- und Unterteil eine Unzahl winziger Linsen angebracht waren. Mit Kabeln daran angeschlossen waren mehrere Curt völlig unvertraute Geräte.

»Chef, das ist doch hoffnungslos!« stöhnte Otho, nachdem er die rätselhafte Maschine gemustert hatte. »Wir wissen doch nicht das geringste über die Wissenschaft der Allus. Selbst wenn wir Tage zur Verfügung hätten würden wir dieses Gerät hinterher trotzdem nicht verstehen. Und das sollen wir jetzt alles in ein paar Minuten schaffen?«

»Du hast zwar recht«, gab Captain Future zu, »aber auch wenn wir vielleicht nicht begreifen, wie das Gerät funktioniert, können wir es vielleicht trotzdem korrekt bedienen. Auch ein Wilder kann schließlich einen Lichtschalter betätigen, ohne etwas von Elektrizität zu verstehen.«

Curt studierte das Gerät aufmerksam.

»Die Allus benutzen diesen Konverter zu einem einzigen Zweck – um Männer und Frauen in Elektrowesen zu verwandeln«, murmelte er. »Es ist also nur logisch, daß sie das Ding so eingestellt haben, daß es die Energiestrahlung erzeugt, mit der die Verwandlung der Körperzellen ausgelöst wird. Wenn wir nur feststellen könnten, wie der Konverter aktiviert wird ...«

Doch die nächsten Minuten waren zum Verzweifeln. Nicht einmal Captain Future, der größte Wissenschaftler im System, konnte mit der fremdartigen und rätselhaften Technologie der Allus etwas anfangen.

Er entdeckte zwar das Hauptkabel, das die Energiezufuhr gewährleistete, und suchte es nach einem Schalter ab, doch er fand keinen Schalter. Das Kabel drang übergangslos in das komplizierte Gerät um die Kupferkammer ein. An einer Stelle führte das Kabel durch einen viereckigen Kasten, auf dem sich eine Silberplatine befand. Doch Curt konnte soviel darauf drücken und daran zerren, wie er wollte, sie bewegte sich nicht, und es veränderte sich auch sonst nichts an dem Gerät.

»Es sieht zwar beinahe aus wie ein Schalter, aber es läßt sich nicht bewegen«, sagte Curt verzweifelt. Auf seiner Stirn perlte der Schweiß. »Aber irgendwie muß doch die Energiezufuhr eingeschaltet und unterbrochen werden können!«

Hastig tastete er das Kabel erneut ab, doch ohne Erfolg. Offenbar war sein Plan nun doch zum Scheitern verurteilt. Weit entfernt hörte er, wie Grags Getöse leiser wurde, ganz so, als wären die Allus gerade dabei, den großen Roboter zu überwältigen. Sie hatten nur noch wenige Minuten zur Verfügung. Er mußte es schaffen, er mußte nachdenken, er mußte ...

»Nachdenken, genau das ist es ja!« rief Curt plötzlich mit heiserer Stimme. »Die Allus besitzen nichtstoffliche Photonenkörper. Die Geräte haben sie wahrscheinlich von ihren Helferhelfern unter den Kometenmenschen bauen lassen, aber mit ihren Körpern könnten die Allus keinen Schalter bedienen. Also muß ein solcher Schalter telepathisch zu aktivieren sein!«

»Worauf willst du hinaus, Chef?« fragte Otho verblüfft.

Doch Curt beachtete ihn nicht. Unentwegt starrte er die Silberplatine auf dem rätselhaften Kasten an. Er konzentrierte sich, so gut er nur konnte.

»Aktivieren!« dachte er immer und immer wieder.

Da klickte es in dem Kasten! Offenbar hatte Curts mentaler Befehl eine Relaisschaltung ausgelöst.

Sofort begann die Apparatur um die Kupferkammer zu summen, und aus den zahllosen Linsen leuchtete grelles blaues Licht auf.

»Wir haben es geschafft!« rief Curt. »Ich werd's jetzt versuchen. Otho, wenn etwas schiefgehen sollte, dann versuch zu fliehen und das System vor den Allus zu warnen. Und jetzt los!«

Bevor Otho noch etwas einwenden konnte, trat Captain Future in die Kammer hinein, in der nun ein blaues Kraftfeld leuchtete.

Er spürte einen gewaltigen Schock, der ihn taumeln ließ. Die Strahlung verwandelte seine innerste Molekular- und Atomstruktur, brach sie auf und setzte sie erneut zusammen.

Dann ertönte ein erneutes Klicken, und das blaue Kraftfeld wurde purpurn. Wieder erfaßte ihn ein gewaltiger Schock und machte ihn fast besinnungslos.

Curt hatte plötzlich das Gefühl, daß alle Zellen seines Körpers lichterloh brannten, mit jedem Atemzug schien er Feuer einzusaugen.

Endlich wich das Gefühl der Übelkeit und Schwäche einem seltsamen Prickeln.

»Alle Raumdämonen!« keuchte Otho heiser.

Curt öffnete die Augen. Er stand noch immer in der Kammer, doch das Kraftfeld war automatisch abgeschaltet worden. Er blickte an sich herunter. Sein ganzer Körper leuchtete! Mit jeder Faser seines Organismus spürte er das unheimliche Prickeln.

»Geschafft«, sagte er erleichtert und trat taumelnd aus der Kammer. »Jetzt bin ich ein Elektromensch ...«

Er torkelte und drohte zu fallen. Instinktiv sprang Otho vor, um ihn zu stützen, doch als er ihn berührt hatte, wich er sofort mit einem Schmerzensschrei zurück. Gelähmt von dem elektrischen Schlag hing sein Arm an seiner Seite herunter.

Erst jetzt wurde sich Curt Newton seiner Situation richtig bewußt. Er erschauerte, als er begriff, welch ein Abgrund ihn nun von der normalen Menschheit trennte.

XV

Das Tor zur anderen Welt

Grags Lärm war inzwischen völlig verstummt.

»Chef, sie müssen ihn überwältigt haben!« rief Otho. »Sie werden jeden Augenblick zurückkommen.«

Wie betäubt taumelte Captain Future durch das Labor. Er entdeckte eine schwere Metallstange und ergriff sie. Dann lief er mit unsicheren Schritten zusammen mit Otho in den Gang hinaus.

Sein Körper fühlte sich von dem gewaltigen Eingriff noch immer geschwächt an, und er mußte sich mit eiserner Disziplin dazu zwingen, mechanisch einen Schritt vor den anderen zu setzen, ohne zusammenzubrechen.

Endlich kamen sie wieder an dem Hof an. Vor ihnen ragte die knisternde Mauer aus elektrischen Flammen empor, und Curt stürzte sich mit letzter Willensanstrengung in das Feuermeer.

Mitten in dem Energiering blieb er plötzlich stehen. Er stand nun in einem flackernden Inferno, das jeden gewöhnlichen Menschen in Sekundenbruchteilen verdampft hätte. Doch ihm machte es nicht aus, und er spürte, wie er langsam stärker wurde. Sein Körper schien die elektrische Energie geradezu begierig aufzusaugen.

»Beeil dich, Chef!« mahnte Otho.

Curt schritt weiter ins Innere des Hofes und taumelte auf das große Tor zu. Um das Tor herum standen zahlreiche Geräte, die es aus dem Flammenmeer offenbar ständig mit Energie versorgten.

Der Torrahmen war drei Meter hoch und fast ebenso breit. An seinem Inneren waren sechzehn große Spulen befestigt, die mit einem verwirrenden Kabelsystem mit dem Energiezufuhrgerät gekoppelt waren. Auf diese Spulen hatte er es abgesehen.

Doch als er ins Innere des Tores schaute, entfuhr ihm ein Schreckensschrei.

»Mein Gott!« rief er.

Wie versteinert blickte er als erster Mensch durch einen Riß im Universum in eine völlig andere Welt. Im Torbogen herrschte Finsternis, aber es war eine Finsternis, die aus einen fremdartigen dunklen Licht bestand, wie es menschliche Augen nicht kannten. Das, was er darin undeutlich sah, überstieg sein Fassungsvermögen. Denn er starrte in eine vierdimensionale Welt hinaus, die er als dreidimensionales Wesen natürlich nur unvollkommen wahrnehmen konnte.

Er erkannte undeutlich die Umrisse einer bizarren Stadt, wie er sie sich in seinen kühnsten Träumen nicht vorzustellen gewagt hätte: Die dunklen Gebäude folgten ihm völlig unverständlichen geometrischen Gesetzen. Wie gewaltige Pilze schienen sie auf dürren langen Stengeln emporgeschossen zu sein, während die Straßen für das Auge zwar schnurgerade aussahen, dennoch aber alle in einem Kreis zu ihrem eigenen Anfang zurückzuführen schienen. Die Perspektive schien aus einem surrealistischen Alptraum entlehnt worden zu sein, denn die weiter entfernten Gebäude sahen größer aus als die näher gelegenen.

Am schlimmsten aber waren die dunklen Gestalten anzusehen, die in ganzen Trupps und Massen durch die geraden-runden Straßen der Stadt eilten. Ihre Körper erinnerten in etwa an die Schatten der Allus, aber sie schienen sich mit jeder Bewegung zu verändern. Und durch die Mauern ihrer eigenen Gebäude traten sie ganz einfach hindurch.

Captain Future entdeckte schließlich auch die dünnen Energiefäden, die durch das Tor in die düstere vierdimensionale Stadt führten und die Photonenkörper der Allus mit ihrer eigenen Metropole verbanden.

»Chef, die Allus kommen!«

Othos Ruf riß Curt Newton aus seinem Entsetzensstupor, und er machte sich sofort an die Arbeit.

Die Hyper-Magnetspulen erwiesen sich als wesentlich widerstandsfähiger als erwartet. Mit aller Wucht schlug er immer wieder mit seiner Metallstange auf eine der Spulen ein. Endlich zuckte ein Blitz durch das Kabel und zeigte an, daß es ihm gelungen war, sie zu zerstören. Dann machte er sich an die nächste Spule. Als auch sie zerstört worden war, wurde das Loch im Torbogen bereits merklich kleiner.

»Beeil dich, Chef! Sie ...«

Mit einem gewaltigen Ruck riß Curt eine dritte Spule auseinander und stürzte sich auf die vierte. Jetzt war das Loch kaum noch einen Meter breit und hoch.

»Erdmensch, hör auf!«

Eisig drang der Befehl in sein Gehirn ein, und im gleichen Augenblick merkte er, wie sein ganzer Körper sich versteifte. Sosehr er sich auch anstrengen mochte, er konnte nicht einen Muskel mehr aus freien Stücken bewegen.

Die Allus waren also wieder da! Ihre dunklen, monströsen Photonengestalten umringten ihn und nahmen ihn mental in die Zange.

»Erdmensch, dafür wirst du auf der Stelle sterben!«

Am schrecklichsten war wohl die Tatsache, daß die Allus keinerlei Zorn bewiesen. Ihre Befehle »klangen« einfach nur kalt und sachlich und feindselig.

»Du hast versucht, unser schweres Werk zunichte zu machen.«

Curt wußte, daß er nun sterben würde, ohne Erfolg gehabt zu haben. Er war gescheitert. Wenn er doch nur ein paar Minuten mehr zur Verfügung ...

Mit der Metallstange in der Hand stand er wie festgefroren da und begriff, daß die Allus nun zum endgültigen, tödlichen Angriff übergingen.

»Curt!«

Plötzlich rannte Joan Randall durch das Flammenmeer auf ihn zu.

Joans Auftauchen überraschte Curt. Erst später erfuhr er, daß Querdel und Thoryx mit Joan genau in dem Augenblick bei der Zitadelle angekommen waren, als die Allus Grag überwältigten. In der Aufregung, die darauf folgte, als die Allus feststellten, daß er sich im Innenhof befand, waren Grag und Joan fürs erste entkommen.

So erschien Curt Joans Auftritt wie ein Wunder, und die Allus zeigten sich nicht weniger überrascht. Die dunklen Meister wirbelten zu ihr herum ...

Sofort nutzte Curt Newton seine Chance. Ihre mentale Umklammerung ließ einen Augenblick nach, und mit einem gewaltigen Krachen ließ er seine Metallstange auf die vierte Spule heruntersausen.

Mit einem Blitz brannte die Spule durch. Die geschrumpfte Öffnung verschwand: Der Riß im Raum war verschwunden, nachdem die Energiezufuhr nun nicht mehr ausreichte, ihn aufrechtzuerhalten.

Nun war das Tor geschlossen, und die Fäden, die die wirklichen Körper der Allus mit ihren Photonenprojektionen verbunden hatten, waren durchtrennt worden.

»Curt, schau nur!« rief Joan.

Noch immer standen die Schattengestalten der Allus um sie herum. Doch sie bewegten sich nicht mehr. Es waren nur noch bloße Photonenwolken ohne jedes Leben oder Bewußtsein. Nach und nach lösten auch diese Schemen sich auf und verschwanden im Nichts.

»Joan, wir haben es geschafft«, sagte Captain

Future heiser. »Das Tor ist wieder geschlossen. Und sie werden nie wieder jemanden finden, der es von dieser Seite für sie öffnet. Jetzt müssen sie für immer bleiben, wo sie sind, und können unser Universum nicht mehr plündern.«

Draußen vor der Flammenwand dröhnte Grag triumphierend:

»Chef, rate mal, was passiert ist! Als die Allus hierhergelaufen sind und Joan und mich zurückgelassen haben, haben Querdel und Thoryx versucht, mich umzubringen. Aber das ist ihnen nicht gelungen!«

»Das will ich meinen«, rief Otho aufgeregt. »Erledigt hat er sie, alle beide!«

»Dann ist ja alles vorbei«, flüsterte Captain Future erschöpft. »Die Allus sind fort, und die Tyrannen sind ebenfalls beseitigt.«

Doch Joan Randall blickte ihn voller Tränen an.

»Aber Curt, jetzt bist du ja auch ein Elektromensch! Warum hast du das getan?«

»Aus dem gleichen Grund wie du, Joan.«

Er trat vor und nahm sie in die Arme. Die ganze Zeit hatte er sich danach gesehnt, das tun zu können, doch erst jetzt, da sie beide Elektromenschen waren, war es ihm wieder möglich. Plötzlich schien ihm die Verwandlung kein zu großer Preis für diesen Augenblick gewesen zu sein.

Doch Joan blickte ihn schließlich bekümmert an.

»Curt, was ist, wenn es dir nicht gelingen sollte, die Verwandlung rückgängig zu machen? Dann wirst du den Kometen niemals verlassen können und kannst nie wieder durchs Weltall bummeln.«

Er blickte ihr fest in die Augen.

»Joan, ich hoffe, daß es mir gelingen wird, schon

um der Kometenmenschen willen. Aber wenn nicht, dann wird es mir auch nichts ausmachen, den Rest meines Lebens hier zu verbringen – mit dir. Aber«, er lächelte, »ich glaube mir und Simon würde schon ein Weg einfallen, um es auch Elektrowesen zu ermöglichen, durchs All zu reisen.«

Sie vergrub ihr Gesicht an seiner Schulter und flüsterte erstickt:

»Ich bin beinahe selbstsüchtig genug, mir zu wünschen, daß dir die Rückverwandlung nicht gelingt, Curt!«

XVI

Das verlorene Paradies

Curt Newton richtete sich auf und blickte sich zu der gespannt wartenden Gruppe um, die im Labor der Allus zuschaute. Er wirkte ermattet von der anstrengenden Arbeit.

»Was meinst du, Simon?«

Das Gehirn, das neben ihm schwebte, antwortete mit der ihm eigenen Vorsicht:

»Ich weiß es noch nicht, mein Junge. Ich glaube zwar, daß wir die richtige Frequenzkombination haben, aber sicher sein können wir vorher natürlich nicht.«

Im Labor herrschte bedrücktes Schweigen. Die Allus waren zwar aus ihrer Zitadelle vertrieben worden, aber man hatte das Gefühl, als spuke ihr Geist noch immer in den düsteren Hallen und Gängen herum.

Wie um alle Anwesenden daran zu erinnern, standen ihre riesigen, seltsamen Geräte über das ganze Labor verteilt, so daß sich keiner richtig wohl in seiner Haut fühlte.

Außer der Future-Mannschaft und Joan waren noch Ezra Gurney, Tiko Thrin und die leuchtenden Gestalten Zarns und Aggars im Labor.

Aggar war inzwischen zum Herrscher der Kometenmenschen gewählt worden. Das war der Lohn für seine Dienste während der großen Revolution gewesen, die nach dem Verschwinden der Allus alle Höflinge und ihre Schergen fortgefegt hatte.

Seitdem waren Wochen vergangen. Ununterbrochen hatten Captain Future und seine Gefährten an der Aufgabe gearbeitet, das Rätsel der Wissenschaft der Allus zu lösen. Nach und nach hatten sie jedes Gerät und Instrument auseinandergebaut, um eine Möglichkeit zu finden, die Kraftfelder des großen Konverters umzukehren, um auf diese Weise die Elektromenschen wieder zurückzuverwandeln.

Curt selbst war ein brillanter Wissenschaftler, und er war von den Future-Leuten und Tiko Thrin dabei unterstützt worden. Und doch hatte er vor einem schier unlösbaren Problem gestanden. Nur durch mühsames und akribisches Forschen war es ihnen gelungen, den Konverter nun versuchsweise mit neuen Schaltungen zu versehen und umzurüsten.

»Ich glaube, daß er jetzt ein Energiefeld mit einem Frequenzmuster ausstrahlen wird, das die Verwandlung umkehren und die Zellen wieder in ihren Normalzustand versetzen kann«, sagte Captain Future. »Aber mit Sicherheit kann ich das noch nicht sagen.«

Er musterte zweifelnd die große, zylindrische Kupferkammer und die Geräte, die an sie angeschlossen waren.

»Wir sind fast die ganze Zeit praktisch im dunkeln getappt«, fuhr er mit gefurchter Stirn fort. »Wir mußten uns in die Denkstrukturen von Wesen hineinversetzen, die nicht einmal aus unserem Kosmos stammen. Und wenn wir uns geirrt haben sollten, dann wird das Gerät vernichten, anstatt zu verwandeln.«

Joan berührte ihn am Arm.

»Es wird schon alles klappen, Curt«, sagte sie beruhigend. »Du machst dir nur deshalb so viel Sorgen, weil du überanstrengt bist.«

»Also gut, ich werde es jetzt ausprobieren«, entschied Captain Future. »Und zwar an mir selbst. Ich will dieses Risiko keinem anderen zumuten!«

»Nein, Curt, das darfst du nicht!« rief Joan mit geweiteten Augen. »Wenn dir etwas zustieße, dann würden wir niemals die Lösung finden. Laß mich es als erste versuchen.«

»Da sei Gott vor!« schnarrte das Gehirn.

»Glaubst du etwa, daß ich das zuließe?« protestierte Curt Newton. »Auf keinen Fall!«

Aggar machte dem Streit ein Ende, indem er wortlos in die Kammer trat. Dann bellte er knapp:

»Es ist meine Pflicht, als erster dieses Risiko für mein Volk einzugehen. Machen Sie schon!«

Zögernd betätigte Captain Future den Schalter, der den Konverter aktivierte. Gespannt blickten sie auf das Gerät.

Aggars mächtige Gestalt wurde von rötlichem Licht überflutet, das aus den Linsen an dem Gerät strahlte. Sie sahen, wie er taumelte, aber er hielt sich tapfer aufrecht.

Aus dem roten Feld wurde ein orangefarbenes, das sich wiederum gelb färbte. In schneller Folge wurde das gesamte Farbspektrum durchlaufen, und als die Tönung einen Violettstich bekam, stellten sie fest, daß Aggars elektrisches Schimmern schnell nachließ. Als er schließlich wieder aus der Kammer trat, war er keine leuchtende Gestalt mehr, sondern ein gewöhnlicher Mensch.

Aggar schwankte etwas, als er an seinem Körper hinuntersah. Staunend hielt er seine Hände vors Gesicht und betrachtete sie. Seine Augen leuchteten erfreut auf.

»Ich bin wieder ein normaler Mensch!« sagte er heiser. Keine elektrische Karikatur eines Menschen mehr. Jetzt kann ich wieder alt werden, Hunger empfinden, krank sein und endlich auch sterben. Doch den Göttern sei Dank! Bis dahin werde ich wenigstens *wirklich* leben!«

Als nächste unterzogen sich Captain Future und Joan der Verwandlung.

»Und jetzt ist mein Volk an der Reihe!« rief Aggar erfreut. »Da ist aber auch nicht einer dabei, der seine armselige elektrische Unsterblichkeit nicht gegen das wirkliche Leben eintauschen würde!«

*

So war es auch. In den nächsten Tagen strömten die Kometenmenschen von Mloon zur Zitadelle. Tag und Nacht war der Konverter in Betrieb, bis schließlich auch der letzte wieder in einen normalen Menschen verwandelt worden war.

In Mloon herrschte Freudenstimmung, und alles

feierte. Jetzt konnten die Kometenmenschen wieder Kinder zeugen und so leben, wie sie es vor der Tyrannei der Allus getan hatten.

Doch Ezra Gurney wirkte besorgt. Er vertraute sich Curt und seinen Gefährten an.

»Wie, bei allen Eisteufeln des Pluto, sollen wir nur wieder aus diesem Kometen herauskommen, Captain? Unsere Schiffe sind zwar noch intakt, aber durch diese Koma kommen wir nicht so ohne weiteres.«

»Keine Sorge, Ezra«, beruhigte ihn Captain Future. »Da wird es keine Probleme geben.«

Auch das erwies sich als richtig. Der große Magnet, mit dem die Schiffe einst auf Befehl der Allus durch die Koma geschleust worden waren, wurde nun zu einem Steuerinstrument für den Rückflug. Es erwies sich als ziemlich unkompliziert, seine Strahlung einfach umzupolen.

Eines nach dem anderen stiegen die Schiffe auf und flogen auf dem Projektionsstrahl durch den Riß in der Koma. Der Strahl drückte sie automatisch hinaus, und schon bald fanden sie sich im freien Weltraum wieder, unweit vom heimatlichen Sonnensystem.

Die *Comet* startete als letztes Schiff, denn zuvor galt es, Abschied zu nehmen, und das dauerte recht lange. Die Kometenmenschen ließen es sich nicht nehmen, Curt und seinen Gefährten überschwenglich für den großen Dienst zu danken, den sie ihnen erwiesen hatten. Doch endlich fanden auch sie sich zusammen mit Joan und Ezra im Weltraum wieder.

»Puh, das wurde aber auch Zeit!« meinte Otho und blickte mit funkelnden Augen in die vertraute Leere hinaus, in der die wohlbekannten Sternbilder glänzten. »Ich will verdammt sein, wenn ich mich diesem Kometen jemals wieder auf mehr als hundert Lichtjahre nähere!«

»Wenn mein Hündchen Eek nicht gewesen wäre, dann würdest du immer noch dort schmoren«, meinte Grag und streichelte stolz sein Maskottchen.

»Was erzählst du da?« rief Otho. »Dieser Quälgeist hat doch nichts getan, als von einer Panik in die andere zu verfallen!«

»Klar, und gerade diese wunderbare Fähigkeit, die Gegenwart der Allus zu spüren, hat uns durch die Zitadelle gebracht«, prahlte Grag. »Oog hat dabei nicht das geringste geleistet. Der ist ja sogar zu doof, um sich so erschrecken zu lassen!«

Otho fluchte, bis das Gehirn und Ezra Gurney sich einmischten. Lachend ließ Captain Future sie in der Kontrollkabine stehen und ging nach achtern, um Joan zu suchen.

Sie stand in der Hauptkabine und blickte angestrengt durch die Sichtscheibe auf den flammenden Halleyschen Kometen hinaus. Er wurde immer kleiner, während ihr Schiff unablässig auf die Erde zuraste.

Überrascht stellte Curt fest, daß in ihren Augen Tränen standen.

»Was ist denn los, Joan?«

»Ach nichts, ich bin einfach nur dumm«, murmelte sie. »Aber irgendwie bin ich ein bißchen traurig, weil wir den Kometen verlassen haben.«

Das verstand er nicht. Joan blickte ihm fest in die Augen.

»Hier draußen gehörst du dem ganzen Sonnensystem, Curt. Ich weiß, daß du mich liebst, aber die Pflicht kommt für dich immer zuerst. Die Pflicht, den Menschen des Systems zu dienen.

Aber wenn wir dazu gezwungen gewesen wären, auf dem Kometen zu bleiben, für immer von der Außenwelt abgeschnitten, dann wären wir nur füreinander dagewesen. Da hätte nichts zwischen uns gestanden. Es wäre das reinste Paradies gewesen. Und nun haben wir es verloren.«

Curt Newton beugte sich vor und küßte sie.

»Joan, so etwas darfst du nicht denken. Eines Tages, wenn unsere Arbeit erledigt ist, werden wir unser Paradies schon finden. Ich kenne da einen kleinen Asteroiden, der nur auf uns wartet. Es ist der reinste Garten. Eines Tages ...«

ENDE

Captain Future

Die Abenteuer des berühmten Helden der Science Fiction zum ersten Mal ungekürzt in deutscher Sprache. Die spannenden Abenteuer des jungen Wissenschaftlers und seiner Freunde fesseln jung und alt!

Band 25 012

Edmond Hamilton

Captain Future

Held der Vergangenheit

Ungekürzte Neuübersetzung

Captain Future erhält einen dringenden Anruf seines Freundes Tiko Thrin. Der marsianische Wissenschaftler glaubt, Kontakt mit einem fremden Universum aufgenommen zu haben. Die Sonnen dieses Kosmos sind fast alle erloschen und ausgebrannt, die letzten überlebenden Menschen müssen sich dem Ansturm der *Kalten* erwehren, denn jene grausigen widernatürlichen Wesen wollen mit niemandem die Macht in ihrem Universum teilen.
Um die Moral der letzten Menschen zu stärken, schlüpft Captain Future in die Rolle Cafus, eines legendären Helden der Menschen des fremden Universums, und nimmt zusammen mit seinen Freunden den Kampf gegen die *Kalten* auf.

BASTEI LÜBBE

Sie erhalten diesen Band im Buchhandel, bei Ihrem Zeitschriftenhändler sowie im Bahnhofsbuchhandel.